오십이 철학을 마주할 때

일러두기

1. 도서명은 『 』로, 신문이나 잡지는 《 》, 미술 작품과 짧은 글은 「 」로 표기했습니다.
2. 인명은 외래어 표기법을 따랐습니다.
3. 인용된 글 중 국내서 출처가 없는 경우는 저자가 원문을 직접 번역한 문장입니다.

다가올 모든 계절을 끌어안는
22가지 지혜

오십이 철학을 마주할 때

안광복 지음

다산
초당

추천의 글

소크라테스는 세상 사람들이 다 신탁에 의존해서 살 때, 철학을 설파하다가 죽임을 당했다. 자신 밖의 신을 믿으면서 맹목적으로 편편하게 사는 사람들한테 믿음을 벗어나 생각하며 살자거나, 믿음을 버리고 성찰하며 살자거나, 자신 안의 지혜와 덕을 잘 살리자고 하면, 매우 위험해진다. 불신이나 조롱은 당연하게 오고, 심지어는 죽을 수도 있다. 이런 의미에서 모든 철학은 기본적으로나 공통적으로 불온이며, 혁명이며, 악마다. 집단 지성? 소크라테스를 죽이는 집단 지성? 집단을 하늘에서 내려다볼 줄 아는 능력을 갖추지 못한 지성은 지성이 아닐뿐더러 그냥 폭력적인 광기로 전락하기 쉽다. 자신을 하늘에서 내려다볼 줄 아는 능력을 갖추지 못한 자신은 자신이 아닐뿐더러, 길가의 전봇대나 가로수처럼 그냥 존재할 뿐이다.

자신을 내려다볼 줄 아는 능력이 바로 성찰하는 능력이며, 이것이 철학의 중심들 가운데 하나다. "철학을 마주할 때"는 오십이 되었든 이십이 되었든, 나이에 상관없이 자신 안에 불온한 혁명적 기운이 싹틀 때이며, 어떻게든 제대로 살아보려고 스스로 악마를 초대하는 일이다. 무너져 가는 아테네를 어떻게든 바로 세워보려고 죽음마저도 담담하게 받아들였던 소크라테스였지만, 아테네라는 도시국가의 쇠락은 막을 수 없었다. 소크라테스는 정치적으로나 사회적으로 어떤 변화도 일으키지 못했다. 아테네도 망하고, 소크라테스도 죽었을 뿐이다.

최초의 철학자라는 명예를 소유한 탈레스는 올리브 풍년을 예측하여 큰돈을 벌었다. 스티브 잡스는 "소크라테스와 오후 한나절을 보낼 수 있다면, 애플이 가진 모든 기술을 그와 바꾸겠다" 했다. 탈레스나 스티브 잡스처럼 철학적인 높이의 시선으로 세상을 대하면, 큰돈을 버는 능력도 발휘할 수 있겠으나 철학은 어쩔 수 없이 큰돈보다는 하늘에 더 가깝고, 올리브보다는 몇십 계절 앞에 있거나 뒤에 있다.

오십 세까지 살다 보면, 어느 순간 자신이 길가의 가로수나 전봇대처럼 그냥 존재하고 있기만 한 것은 아닐까, 더 나아가서는 이 모양 이 꼴로 죽을 때까지 사는 것은 아닐까 하는 불안이 찾아올 수 있다. 악마의 초대장을 받은 것이다. 이 악마의 초대장을 받는 순간 자신은 자신에게 불온해지기도 할 것이다. 자신의 눈이 하늘에 걸려서 자신을 내려다볼 것이다. 그렇다고 하여 갑자기 부자가 되거나 승진하는 일이 일어나기는 쉽지 않다. 소크라테스도 망해가는 아테네를 위하여 아무것도 하지 못하고, 그냥 죽었을 뿐이다. 하지만, 그는 플라톤으로 이어져 인류의 북극성이 되었다. 육신의 아테네는 죽고, 영혼의 아테네는 북극성에서 산다. 철학을 마주하면, 자신이 자신에게 북극성이 되는 황홀한 지경을 맛볼 수 있고, 자신이 자신에게 깃발이 되어서 스스로 펄럭일 수 있다. 바람이 없는 날에도.

_최진석(새말새몸짓 기본학교 교장)

프롤로그

나이 드는 것만으로도 철학자가 되기에

굶주릴 대로 굶주리면 독이 든 음식도 먹게 된다. 마음이 헛헛할 때도 그렇다. 외롭고 삶의 의미를 찾기 어려울 때는 거짓 친절, 근거 없는 희망에도 쉽게 마음을 연다. 그리고 나락으로 떨어진다. 이른바 '중년의 위기', 오십은 그렇게 되기 쉬운 시기다.

반면 오십은 공자가 '지천명知天命', 즉 하늘의 뜻을 안다고 했던, 삶의 혜안이 열리는 시기이기도 하다. 위기는 절망의 시작일 수도, 새로운 기회의 출발일 수도 있다. 사람이 성공을 통해 배우는 경우는 별로 없다. 깨달음은 실패를 겪으며 오지 않던가. 예전에 성공했던 방식이 더 이상 통하지 않는다면 고집을 부려서는 안 된다. 현실을 진단하고 새로운 길을 열어야 한다. 하지만 익숙한 방식을 버리기란 매우 힘든 일이다. 그래서 자기가 변하기보다, 달라진 현실과 세상을 탓하는 이들이 적지 않다.

나는 스물여섯에 취직했다. 그 후 30년을 직장인으로 살았다. 서른 살에 첫 책을 냈으며, 지금까지 스무 권 정도를 집필하며 어느덧 세상에 알려진 저자가 됐다. 대학 졸업을 앞둔 두 아이의 아버지이고, 튼실하게 가정을 꾸려왔다. 성실하게, 잘 살아왔다고 해도 좋은 삶이다.

하지만 마흔을 넘기면서 내 마음에는 기쁨이 없었다. 뼈가 부러진 상태로 어쩌지 못하고 달렸을 뿐이다. 공자는 마흔을 불혹不惑이라고 했다. '흔들리지 않는 나이'라는 의미이리라. 그러나 실제 내가 겪은 마흔에는 흔들리지 않는 단단함이 없었다. 마흔은 '흔들려서는 안 되는' 나이였을 뿐이다. 지치고 불안하고 의지할 곳이 없어도 멈춰 설 수 없었다. 내가 무너지면 주변이 너무 힘들어지는 탓이다. 가족의 생계는 엄혹한 현실이었고, 내가 감당해야 할 직장에서의 책임과 의무 또한 한없이 무거웠다.

"희망을 버려. 그냥 해."

어떤 학생의 작문 속에 있던 글이다. 뭔가 가슴에서 울컥하고 올라왔다. 지금의 내 처지에 딱 맞는 말 아니던가. 나만 참으면 된다. 나만 버티면 가족도, 직장도 모두 평온할 터다. 희망 따위를 품어서는 안 된다. 그냥 버티면 된다. 그래야만 한다. 우울감은 깊은 물속으로 가라앉듯 나를 끌어내렸다. 그래도 이를 악물고 다시 일어섰다. 그래야 했으니까.

어느덧 나 또한 늦은 저녁 홀로 앉아 술잔을 기울이는 중년 사내의 처지로 바뀌어 있었다. '중년의 위기'라는 표현은 나에게도 현실이었다. 서운함과 섭섭함이 시도 때도 없이 밀려들었고, 헛헛한 마음은 사소한 친절에도 쉽게 흔들렸다. 일탈의 욕망 또한 쉼 없이 꿈틀거렸고. 잘나가는 이들을 보며 마음은 초라하게 주눅 들곤 했다. 오십에 접어들면서 내 안의 그림자는 더욱 짙어져 갔다.

"아동 학대보다 잔인한 것은 자기 방치다."

철학 교사로서, 임상 철학자로서 내가 강의 때마다 늘 강조하는 말이다. 내 인생의 가장 큰 축복은 철학 하며 산다는 것이리라. 제대로 된 철학자는 자신을 내팽개치지 않는다. 스토아 철학자이자 로마의 황제인 마르쿠스 아우렐리우스Marcus Aurelius의 삶은 신산스러웠다. 나라 곳간은 거덜 났고 외적의 침입이 그칠 날 없었다. 그의 가정도 평안하지만은 않았다. 좌절과 고통이 끊이지 않는 가운데서도, 심지어 전쟁터 한복판에서도 그는 때때로 조용히 홀로 있으며 자신이 마땅히 들어야 할 충고를 스스로에게 일러주는 글을 썼다. 그렇게 만들어진 책이 『명상록』이다. 이런 노력으로 어려움 가운데서도 마르쿠스 아우렐리우스는 로마제국의 가장 현명했던 황제로 거듭난다.

나 또한 자신을 방치하지는 않았다. 예나 지금이나, 나에게 도서관은 최고의 치료자이자 상담자. 나의 주말 루틴은 남산 도서관에서 머무는 것이다. 고민을 가슴과 머리에 가득 안은 채, 공들여 서가 사이를 오랫동안 거닌다. 그러다 보면 기적처럼 내 문제를 풀어줄 책들이 눈에 들어와 꽂힌다. 단백질이 부족하면 고기가 당기고, 비타민이 아쉬우면 과일을 먹고 싶지 않던가. 마찬가지로 공허한 영혼은 필요한 지혜를 향해 알아서 나아가곤 한다. 나이 드는 것만으로도 철학자가 되는 이유다.

심리학자 카를 융Carl Jung은 '동시성Synchronicity'을 이

야기한다. 우주가 나에게 우연인 듯 무심하게 기회를 안긴다는 뜻이다. 중년의 위기를 한창 겪고 있던 어느 날, 나에게 출판 제안이 왔다. 주제가 '중년에 시작하는 철학 공부'라고 했다. 물론 이미 나의 일상에는 빈 공간이 없었다. 그래서 늘 쓰던 거절 방법을 썼다.

"저는 전업 필자가 아니라서 단행본 한 권 집필에 오롯이 매달리기 어렵습니다. 때마다 일정하게 써야 하는 연재처를 찾아주세요. 그래야 진도를 나갈 수가 있답니다."

이렇게 말하면 대부분의 편집자는 포기한다. 기획 의도에 딱 맞는 연재 지면을 찾기는 무척 어렵기 때문이다. 그러나 다산북스는 독했다. 기어이 연재처를 찾아서 왔다. 더 이상 뿌리치기 어려웠다. 《한겨레21》에 '반백의 철학'이라는 이름으로 1년 반 동안 칼럼을 연재하게 된 사연이다.

기고하는 내내 반응은 뜨거웠다. 동년배들은 누구나 비슷한 고민을 안고 있었다. 인생은 겪어야 할 것 다 겪고, 느껴야 할 것을 다 느끼며 무르익어 가는 과정이다. 이 땅의 사람들 대부분이 비슷한 학창 시절을 보냈듯, 비슷하게 외로움과 중압감을 버텨내며 인생 후반부를 향해 나아가고 있다. 삶의 전반부에는 가르침을 주는 사람도,

멘토가 되겠다며 손을 내미는 이도 많았다. 그러나 후반부에는 저물어 가는 인생을 챙겨줄 마땅한 지혜가 좀처럼 눈에 띄지 않는다. 중년의 이미지가 어두운 표정으로 외롭게 술잔을 기울이는 모습으로 굳어진 데는 이런 이유도 있었으리라.

나는 글을 쓰면서 오십이라는 '제2의 성장기'에 필요한 지혜들을 곳곳에서 발굴해 낼 수 있다. 철학에는 중년에게 절실한 지혜들이 별처럼 많았다. 눈에 띄지 않았을 뿐이다. 연재와 출판 계약 덕택에 나는 적당한 긴장감 속에서 매달, 오십 대의 고민을 풀어줄 지혜들을 절실하게 찾아내어 튼실하게 갈무리했다. 그 결과가 이 책, 『오십이 철학을 마주할 때』이다.

인생의 정답은 '노력'이 아니다. 겨울에 씨를 뿌리는 짓은 어리석다. 봄부터 결실을 꿈꾸는 일도 바람직하지 않다. 때와 상황에 따라 필요한 지혜도 달라진다. 책의 장을 봄, 여름, 가을, 겨울로 나눈 이유다. 이 책은 순서대로 읽지 않아도 괜찮다. 동화 속에 나오는, 위기 때마다 열어 보는 지혜 주머니처럼 그때그때 자신에게 절절하게 다가오는 주제부터 보시기를 권한다.

끝으로 감사의 말을 전할 차례다. "마감에 쫓기지 않

은 명작은 없다"라는 진리를 일깨우며, 은근한 재촉과 진실한 배려로 부족한 내 글을 챙겨주신 구둘래, 이재호 기자께 감사드린다. 이 책에는 《월간 전원생활》에 '철학이 중년에게'라는 제목으로 기고한 글들도 담겨 있다. 언제나 친절하고 세심한 윤혜준 기자께도 고마움을 전한다. 이 책은 다산북스 박윤아 편집자가 아니었으면 나오지 못했다. 출판전문잡지 《기획회의》의 연재 원고를 편집해 주던 때부터 따지면, 나와 오래 인연을 맺은 분이다. 한결같은 긍정의 힘과 도전 정신, 그리고 따뜻한 마음에서 늘 많은 것을 배우고 느낀다.

글을 쓸수록 오십은 더욱 매력적인 나이로 다가왔다. 좋은 인생은 죽음을 소멸과 절망이 아닌 인생의 완성으로 여긴다. 융에 따르면, 오십의 성장 과업은 성공이 아닌 온전함wholeness이다. 자신 안의 빛과 그림자를 오롯이 끌어안으며 완전한 인격으로 거듭난다는 의미다. 결실이 영그는 인생의 가을에 맞게 하늘의 뜻을 깨달으며知天命 일상을 오롯하게 가꾸어 가는 독자님들께 따뜻한 응원을 보낸다.

2025년 8월 안광복

차례

추천의 글　4
프롤로그　나이 드는 것만으로도 철학자가 되기에　7

1 ○ 봄 ╲ 내려놓고 다시 시작할 용기

- (수용)　마음속 그림자를 보듬다 _카를 융　20
- (수행)　걱정 버리기 연습 _「반야심경」　30
- (자유)　죽일 수는 있어도 이길 수는 없는 사람 _이마누엘 칸트　42
- (관조)　들지 않으면 무겁지 않다 _아르투어 쇼펜하우어　53
- (지성)　오십의 품위는 어디에서 오는가 _미셸 드 몽테뉴　65

2 ○ 여름 ╲ 욕망을 다독이는 시간

- (권력)　시간을 이기는 권력은 없다 _에피쿠로스　80
- (욕구)　절정경험을 거듭하기 위해 _에이브러햄 매슬로　91
- (욕정)　감정의 격랑을 이기는 법 _키케로　101
- (단련)　부와 명예로부터 자유로워지다 _에픽테토스　112
- (초연)　벌어질 일은 벌어지게 두라 _마르쿠스 아우렐리우스　123

3 ○ 가을 ╲ 성숙이라는 이름의 성장

- (고요) 자연을 닮아가는 삶 _알랭 드 보통 138
- (의지) 꿈이 있는 한, 삶은 여전히 뜨겁다 _파스칼 브뤼크네르 149
- (성실) 실패할지라도, 좋은 사람이 되려 노력하라 _공자 160
- (정직) 어디서든 존경받는 사람들의 비밀 _애덤 스미스 171
- (감탄) 생의 경이로움을 회복하다 _대커 켈트너 180
- (행복) 가장 좋은 날은 아직 오지 않았다 _조너선 라우시 191

4 ○ 겨울 ╲ 성찰로 깊어지는 지혜

- (순응) 운명과 말다툼하지 말라 _세네카 206
- (탐구) 지적 호기심을 회복하다 _버트런드 러셀 216
- (검소) 우아하게 가난해지는 법 _에피쿠로스 225
- (성장) 꼰대로 퇴보하지 않도록 _아리스토텔레스 234
- (변화) 뿌리는 어떻게 만들어지는가 _시몬 베유 243
- (희망) 어떤 노인이 되고 싶은가 _헤르만 헤세 252

에필로그 여전히 더 좋은 삶은 가능하다 262
주 268
그림 출처 269

1. 봄

내려놓고 다시 시작할 용기

삶의 전반기를 지나 오십에 이르면
언제까지나 절박하게 달리진 못한다는 사실을 깨닫는다.
체력과 정신이 나날이 시들기 때문이다.

그럴 때는 강한 척 허세를 부릴 필요도 없고,
한없이 어깨를 늘어뜨릴 이유도 없다.
상황이 바뀌면 전략도, 전술도 달라져야 한다.

혈기 왕성했던 전반기의 방식을 내려놓으면
완전히 다른 풍경이 보인다.

다시, 새로운 봄날이다.

「전나무가 있는 계곡」, 앙리에드몽 크로스

| 수용 |

마음속 그림자를 보듬다

_카를 융

사춘기에는 감정이 널을 뛴다. 갱년기를 겪는 중년도 다르지 않다. 내 마음을 내가 어쩌지 못하는 경우가 적지 않다는 의미다. 하지만 둘 사이에는 차이가 있다. 사춘기에는 더 빨리 커지고 아름다워지며 강해지고 싶다. 그래서 '허세'를 부린다. 중년들도 '센 척' 하기는 비슷하다. 점점 떨어지는 체력과 안 돌아가는 머리, 일터에서도 점차 밀려나는 상황, 늘어가는 뱃살과 빠지는 머리카락에 외모 자신감도 땅에 떨어질 테다. 처지가 이런데도 중년들은 호기를 부린다. 여전히 강한 척, 힘 있는 척하며 허세를 부리고 충고를 늘어놓는다. 이들의 '꼰대질'에는

"나 아직 안 죽었거든!" 하는 절박한 호소가 숨어 있다.

안타깝게도, 세월의 흐름은 거스를 수 없다. 노안老眼이 왔다면 시력에 마음을 맞추어야 한다. 젊어지고 싶은 마음에 과욕을 부려봤자 사달만 날 뿐이다. 무엇보다 중년은 몸과 마음의 나이를 일치시키는 법부터 익혀야 한다. 이 점에서 카를 융은 깊은 통찰을 준다. 그는 중년들에게 "인생 전반기에 빛을 좇았다면, 후반기에는 마음속 그림자를 보듬어라"라고 충고한다. 무슨 말일까?

계속 젊어 보이고 싶은 이유

먼저 우리는 나이에 걸맞은 삶을 받아들여야 한다. 젊어 보이려고 외모와 생활을 관리하는 중년이 적지 않다. 융은 한 살이라도 어려 보이려 애쓰는 생활에는 어릴 때의 욕망을 계속 좇아도 된다고 허락받고 싶은 마음이 숨어 있다고 꼬집는다. '푸에르 에테르누스puer aeternus'는 '영원한 젊은이'라는 뜻으로, 이를 꿈꾸는 마음에는 언제나 불안이 꿈틀거린다. 피터 팬처럼 나이 먹지 않고 젊음만 누리기는 불가능하기에, 결국은 늙고 약해져 주변으로 내몰린다는 사실을 무의식이 계속 일러주는 탓이다.

융은 이런 우리에게 '세넥스senex'가 되라고 조언한다. 이는 마음의 질서가 잡힌 성숙한 사람을 말한다. 인생은 젊을 때만 아름다운 게 아니다. 마흔에는 마흔 살에, 오십 대에는 오십 대에, 칠팔십 대에는 또 이에 어울리는 모습이 있지 않는가. 인자하고 따뜻한 노인의 얼굴을 떠올려 보라. 이 또한 파릇한 이십 대의 표정만큼이나 매력적이다. 산전수전을 다 겪은 오십 대의 침착하고 결연한 태도는 또 어떤가. 젊음이 사라졌어도, 우리는 삶의 어느 순간에도 멋질 수 있다. 그렇다면 중년 이후의 삶은 어떤 모습을 갖추어야 할까.

인생의 그림자가 길어질 때

융에 따르면, 인생은 죽을 때까지 성장하는 과정이다. 그래서 인생의 전반부에 우리는 빛을 좇는다. 능력을 키우며 치열한 경쟁에서 승리해 인정받고자 노력한다는 뜻이다. 이 시기의 사람들은 좋은 페르소나persona에 목을 맨다. 이는 심리학에서 사회적 지위나 역할을 의미한다.

의사나 판검사같이 잘나가는 페르소나를 갖추었을 때와, '일 없는 동네 청년'으로 자신을 소개하는 경우를 견주어 보라. 전반부가 인생의 빛을 좇는 시기라는 융의 설명이 금방 다가올 테다.

눈에 보이는 페르소나 뒤에는 반드시 그림자가 존재한다. 사회적 지위나 역할 뒤에 숨은 열등감, 약한 마음과 같은 어두운 부분이다. 그래서 아무리 훌륭한 페르소나를 갖추었다고 해도, 마음속 불안과 초조, 헛헛함은 좀처럼 스러지지 않는다. 물론 젊고 의욕이 넘치는 시기에는 이를 깨닫지 못한다. 태양이 정오를 향해 올라갈 때는 그림자도 짧아지기 때문이다. 반면 오후가 되어 해가 서녘으로 향할 때는 그림자가 짙게 드리우기 시작한다.

높은 지위에 오르고 고액 연봉을 받는다고 해서 꼭 행복할까? 사람들은 나의 돈과 자리를 보고 살갑게 대할 뿐이다. 이를 잃는 순간 세상은 차갑게 나를 내쳐버릴 테다. 그래서 더 높이 올라가고 더 많이 가지려 애쓴다. 그렇지만 중년에 이르면 자신이 언제까지나 절박하게 달리지 못하리라는 사실을 깨닫는다. 체력과 정신이 하루하루 시들고 있음을 마지못해 인정하는 상황으로 내몰리는 까닭이다.

페르소나 뒤에는 그림자가 존재한다.
젊고 의욕이 넘칠 때는 이를 깨닫지 못한다.
태양이 정오를 향해 올라갈 때는
그림자도 짧아지기 때문이다.

「젊은이의 초상」, 브론치노

저무는 삶이 만들어낸 기회

그렇다면 인생의 오후를 지나는 우리는 어떻게 살아야 할까. 무엇보다 빛을 좇느라 외면하며 지우려 했던 마음속 그림자를 보듬어야 한다. 중년에 이르면 몸부터 그림자가 드러나는 상태로 바뀌어 간다. 이 시기에 남자들은 튼실했던 몸매가 흐트러지고 마음도 약해진다. 자기 안의 여성성이 올라온다는 신호다. 반면 화를 참지 못하고 성격이 급해지는 여성도 적지 않다. 그들 안의 남성성이 튀어나온다는 신호다. 융은 이를 나쁘게 여기지 말라고 조언한다. 이는 자연스러운 변화일 뿐이다. 여기에 맞추어 삶의 태도를 조율하면 된다. 마음이 약해진다며 걱정하지도 말라. 오히려 섬세해지는 감성을 기쁘게 받아들이자. 거칠고 억세지는 자기 모습에 어깨를 늘어뜨릴 이유도 없다. 세상에 겁 없이 맞서는 용사로 거듭나고 있을 따름이다.

빛을 좇던 인생의 전반부에는 자신을 누르며 스스로를 길들여야 했다. 좋은 페르소나를 쓰려면, 높은 지위에서 괜찮은 역할을 하려면 세상이 바라는 모습대로 움직여야 했던 탓이다. 나의 감정과 욕망은 억누르고 상처와 약점도 애써 감추어야 했다. 이랬던 처지를 과연 나를 나답게 만드는 삶이었다 말할 수 있을까? 오히려 개성을 지우며 사회라는 기계를 움직이는 부품으로 자기를 잃어 가는 과정 아니었을까? 성공하는 가운데서도 끊임없이 자신이 제대로 살고 있는지에 대한 의문이 사라지지 않았던 이유다.

그래서 삶의 후반부에는 애써 감추고 누르려 했던 마음속 그림자를 챙겨주어야 한다. 이를 융은 진정한 자기 자신이 되는 길, 즉 '개인화individualization'라고 부른다. 사회적 체면은 이제 내려놓아도 된다. 사회에서 내 역할이 사라져도, 나를 중요한 사람으로 떠받드는 시선이 없다 해도, 평온한 마음으로 누리는 방법을 익혀야 한다. 나이가 들면 더 많이 누리고 더 높이 올라간다고 해서 고독과 허무감이 사라지지는 않는다. 되레 잃을 것이 많아질수록 불안감만 높아질 뿐이다.

이제 별스럽지 않은 주제로 사람들과 수다를 떨며 관계를 트는 방법을 익혀 보자. 성공을 좇느라 건강을 내버려두었다면, 건강과 편안함을 느끼게끔 방치했던 몸을 제대로 가꾸어 보자. 이럴 때 인생은 좋은 삶의 완성을 향해 다시 나아간다.

융은 '진정한 치유란 자기 자신이 되는 것'이라고 잘라 말한다. 이를 깨닫지 못하고 계속 젊고 잘나가던 시절처럼 살려 하면 어떻게 될까. '불쌍한 나 증후군poor me syndrome'에 빠져들 뿐이다. 저물어가는 처지를 한탄하며 하릴없이 술잔을 기울이는 일상이 여기에 해당하겠다.

아픔을 이겨내는 영웅적 태도

물론 그림자를 보듬기는 절대 쉽지 않다. 젊은 날 우리가 성공을 위해 치열하게 살았던 것처럼, 그림자를 받아들이고 품는 데도 엄청난 노력이 필요하다.

융은 '중년의 위기'라는 말을 처음 만든 사람이다. 그에 따르면, 아픔은 나쁘지 않다. 오히려 병들었을 때 통증을 못 느끼는 상태가 최악이다. 고통은 삶이 제대로 굴러가지 않음을 일깨우는 신호일 따름이다. 그러니 중년에 겪는 소외감과 섭섭함, 외로움과 허무함을 피하지 말고 영웅적으로 이겨내야 한다. 이를 못 견디고 도망친다면 인생 후반기의 성장은 없다.

중년에 스미는 가슴속 찬바람이 힘들어서 불륜에 빠

지거나 삿된 유혹에 시달리는 인생들을 보라. 그들은 '푸에르 에테르누스'에 여전히 휘둘리며 인생의 진도를 거꾸로 거슬러 간다. 상황이 바뀌면 전략도, 전술도 달라져야 한다. 전반기에 사랑과 성공을 얻기 위해 썼던 방식은 내려놓아야 한다. 이제 정상에서 내려가며 등반의 전 과정을 오롯이 내 것으로 만들기 위한 노력을 시작할 때다.

성장은 하루아침에 이루어지지 않는다. 그래서 카를 융은 중년기 특유의 힘듦을 애써 버터내며 의미를 찾으라고 격려한다. 이 말을 듣고 반감이 드는 사람도 있을지 모르겠다. 자기 인생이 내내 비극일 뿐이었다면, 후반기 인생도 계속 신산스러우란 말인가? 융이라면 아마도 이렇게 대답할 듯싶다.

"아픔을 영웅적으로 이겨내는 비극의 주인공은 희극의 주연배우보다 숭고하고 아름답다. 그대의 상처들을 훌륭하게 껴안으며 삶의 의미를 찾는다면 후반기의 인생은 성공한 자보다 훨씬 빛날 것이다."

삶의 모든 고통은 성장통으로 바뀔 수 있다. 중년의 위기를 지나는 지금, 이 순간도 그렇다. 오십에만 맛볼 수 있는 새로운 봄은 그렇게 시작된다.

걱정 버리기 연습

『반야심경』

돈과 지위, 권력을 놓고 벌이는 다툼에는 끝이 없다. 돈은 누구에게나 언제나 충분하지 않다. 인류 최고 부자 가운데 한 명이었던 록펠러조차도 "얼마나 더 돈을 벌고 싶은가"라는 질문에 이렇게 답했다고 한다.

"지금보다 '조금 더 많이' 필요합니다."

높은 자리에 대한 갈망도 다르지 않다. 아무리 지위가 올라가도 끝없이 그 이상을 바라게 될 테다. 파산과 추락에 대한 공포 역시 삶에서 사라지지 않는다. 그래서 젊을 때에 비해 훨씬 이룬 게 많은 나이 오십에 이르러도 삶은 여전히 피로하다. 치열하게 다투며 여기까지 왔지만, 경쟁의 끝이 보이지 않는 탓이다. 점점 힘이 빠지며 불안이 짙어진다. 언제까지 싸움을 이어갈지 자신이 없다. 결국 뒷전으로 밀려날 운명도 두렵다.

일체의 고통에서 벗어나다

『반야심경』은 이처럼 복잡한 마음에 평화를 가져다준다. 600권이 넘는 '반야경'을 A4 한 장 분량으로 줄여 놓은 이 짧은 경전은 말 그대로 '진언眞言'이다. '모든 고뇌에서 벗어나게 하는 진실된 말씀'이라는 의미다. 『반야심경』의 첫 구절을 보자.

> 관자재보살이 반야바라밀다를 진심으로 실천하실 때, 모든 것이 공空함을 밝게 깨닫고 일체의 고통에서 벗어나셨다.[觀自在菩薩 行深般若波羅密多時 照見伍蘊皆空 度 一切苦厄]

무엇보다 "일체의 고통에서 벗어나셨다"라는 말이 가슴 먹먹하게 다가올 듯싶다. 돈과 권력, 지위는 결코 나의 불안을 잠재우지 못한다. 이 셋이 없을 때 우리는 쪼들리고 움츠러들 테다. 그러나 부자에, 높은 권력을 손에 쥔다 해서 삶이 행복해지지도 않는다. 물론 세상은 가진 것 많은 나를 살갑게 대해준다. 그러나 내가 움켜쥔 돈과 권력에 굽신거리는지, 진정 나를 좋아하는지 알 수 없다. 나에게서 부와 지위가 사라진다면, 사람들은 나를 짓밟을지도 모른다. 그래서 가슴은 늘 불안에 떤다.

걱정과 근심에서 벗어나려면 어떻게 해야 할까. 관자재보살이 아니더라도, 중년들은 이미 안다. 세상의 악다구니들이 헛되고 부질없음을. 떵떵거리다 힘없이 밀려나던 상사들, 기고만장하다 나락까지 떨어진 부자들이 한둘이던가. 그럴 때마다 '뭣이 중한가'라는 자조 섞인 물음을 던졌을 테다. 하지만 깨달음의 순간은 잠시뿐, 다시 치열한 경쟁 속으로 뛰어든다. 높이 올라가지 못한다면, 아니, 살아남지 못한다면 나 또한 비참해지리라는 불안이 스멀거리는 탓이다.

그래서 '반야바라밀다般若波羅蜜多'의 실천이 중요하다. 관자재보살이 모든 괴로움을 떨쳐버린 이유는 반야바라밀다를 진심으로 실천했기 때문이다. 종교라는 맥락을 떠나 이는 의미 있다. 흔들리는 중년의 삶을 밝고 건강하게 가꾸어 줄 지혜이기에 그렇다.

깨달음을 실천하는 방법, 육바라밀

반야바라밀에서 '반야般若'는 '지혜'이고, '바라밀波羅蜜'은 '저 언덕으로 건너간다'라는 뜻이다. 반야바라밀에는 깨달음을 건너가기 위한 여섯 가지 수행 방법이 담겨 있는데, 이를 육바라밀六波羅蜜이라고 한다. 하나씩 살펴보자.

첫째는 보시報施바라밀이다. 보시란 '베푼다'는 의미다. 세상에 원래 내 것이란 없다. 그러니 나누고 돕겠다는 자세로 살아야 한다. 법륜 스님은 보시바라밀의 의미를 다음과 같이 예를 들어 설명해 준다. 부지런히 농사를 지었다고 해서 반드시 수확을 크게 거두리라는 보장은 없다. 날씨나 다른 조건이 따라주지 않는다면 노력이 소용없어진다. 그렇다고 농사를 짓지 말아야 할까? 그렇지 않다. 보시도 그렇다.

내가 준 만큼 무엇인가를 챙겨야 한다는 욕심 탓에, 마음이 지옥으로 바뀐다. 이는 보시일 뿐 보시바라밀이 아니다. 조건 없이 상대가 진정 잘되었으면 하는 마음으로 베풀자. 어느덧 자애롭고 인자한 노인의 기품이 내 영혼과 얼굴에 피어날 테다.

둘째는 지계持戒바라밀이다. 지계는 '규율을 지킨다'는 뜻이다. 진정 자유로운 사람은 욕망에 휘둘리지 않는다. 쾌락은 언제나 허탈하고 씁쓸한 뒤끝을 남기지 않던가. 삿된 욕망을 다스리며 튼실하게 삶을 꾸리는 이들을 보자. 건강과 행복이 그들의 일상에 자리 잡고 있음을 알 수 있다. 그러니 생명을 함부로 대하지 말고, 남의 것을 턱없이 바라지 말며, 음란에 빠지지 말고, 진실을 말하며, 온갖 중독 물질을 멀리하자.

이기려 하지 않으면 굴욕도 없다

셋째는 인욕忍辱바라밀이다. 이는 마음을 보듬으며 모욕과 상처를 꾸준히 이겨내는 일이다. 불가에서는 '상相을 짓지 말라'는 말을 많이 한다. 자기가 옳다고 고집부리지 말라는 뜻이다. 나이 지긋할수록 자기 생각을 앞세우며 아득바득하는 모습은 추해 보인다. 어른이 어린아이와 싸워 이겼다고 칭찬받겠는가. 차분히 물러서서 맞서려 하지 않는 태도가 되레 현명할 때도 많다. 이기려 하지 않는다면 굴욕을 느낄 일도 없다. 그러니 마음 내려놓고 살자.

　넷째는 정진精進바라밀이다. 변함없이 노력하는 자세를 뜻한다. 변화는 꾸준한 실천이 만든다. 때때로 실수할 때도 있고 마음이 내려앉기도 한다. 그래도 꿋꿋하게 생활을 다잡으며 올곧게 일상을 가꾸기 위해 노력하자.

　이렇게 한결같이 나아가기 위해서는 다섯째, 선정禪定바라밀이 필요하다. 선정이란 고요하고 차분한 상태를 뜻한다. 감정은 끊임없이 불퉁거리며 마음을 흔들곤 한다. 정신을 잡아끄는 호기심 거리도 좀 많은가. 달뜨고 흥분해 있는 채로 믿음직한 판단을 이끌기란 어렵다. 따라서 항상 주의 깊게 정신을 살펴야 한다. 화가 나서 정신줄을 놓고 있지는 않는지, 순간 수치심에 안 해도 되는 말을 내뱉지는 않는지 마음의 고삐를 언제나 단단히 쥐고 있으라는 의미다.

　이렇게 여러 바라밀을 꾸준히 해나가는 일상은 여섯째, 반야바라밀을 이루어나가는 과정이기도 하다. 반야바라밀은 베풀되 대가를 바라지 않고, 지키려는 마음이 없어도 저절로 규율을 따르게 되며, 참으려 하지 않는데도 감정을 누를 일이 없고, 매 순간 맑게 깨인 정신으로 살아가는 삶이다.

올곧게 일상을 꾸려가기 위해서는

고요하고 차분해져야 한다.

달뜨고 흥분한 상태에서는

믿음직한 판단을 이끌기 어렵다.

「조지 호수, 자유로운 습작」, 존 프레더릭 켄셋

자기 방치는 아동 학대보다 잔인하다고 했다. 좌절과 슬픔, 불안과 혼란에 빠진다 해도 가라앉은 자신을 내버려두어선 안 된다. 육바라밀에 따라 생활을 가꾸며 고민과 괴로움을 내려놓자. 꾸준히 운동을 하면 몸매가 달라지며 건강해지듯, 육바라밀의 실천은 일상의 삶을 한결 견실하게 바꾸어 놓을 테다.

혼란에서 벗어나겠다는 결심

하지만 육바라밀의 지혜가 마뜩잖은 분도 있을 듯싶다. 산속에서 도를 닦는 선사禪師들이야 고요하게 지내며 육바라밀을 이루어갈지 모른다. 그러나 복잡하고 번다한 일상을 사는 우리가 마음 챙김에 신경 쓰기가 어디 쉬운가! 맞는 말이다. 그러나 깨달음을 얻기 위한 수행은 세상과 동떨어진 수도자들의 몫만은 아니다. 불가에서는 '발심發心'을 강조한다. 온갖 욕망에 휘둘리지 않고 혼란에서 벗어나 깨달음을 얻겠다고 마음먹어야 한다. 이런 결심의 순간이 수행의 시작이다.

근육을 키우려는 사람은 일부러 무거운 역기를 찾아

든다. 우리 일상의 온갖 괴로움은 마음의 근력을 키우는 역기와도 같다. 욕심이 나도 양보하고, 게으름을 피우고 싶은 욕망을 추스르며 마땅히 할 일을 하자. 호승심을 내려놓고 차분하고 안온한 정신을 지키려 노력해 보자. 이 모두가 온갖 번뇌에서 벗어나 깨달음으로 나아가는 과정이다. 생활의 고통이 점점 커지고 있는가? 이는 깨달음을 위해서는 오히려 좋은 일이다. 더 큰 어려움에도 여전히 평정심을 잃지 않는다면, 그대는 더 크고 훌륭한 인격으로 거듭날 터이기 때문이다.

건너가세, 지혜의 세상으로!

『반야심경』의 첫 구절을 다시 살펴보자. 관자재보살은 바라밀을 꾸준히 실천해서 마침내 세상은 전부 공空할 뿐임을 깨달았다. 이는 모든 것이 부질없다는 허무주의가 아니다. 무엇에도 집착할 이유가 없음을 알았다는 의미다. 직장에서 높은 지위에 있다 해도, 그 자리가 곧 나는 아니다. 인생의 상당 시간을 비루한 위치에서 보냈다 해서, 그 처지 역시 곧 내가 아니다. 결국 세상 모든 것은 공일 뿐이다. 나는 무엇도 아니었으며, 그렇기에 앞으로 무엇이건 될 수 있다.

100세 시대, 인생은 더욱 길어지고 있다. 남은 세월 내내 왕년을 그리워하며 매달릴 이유는 없다. 그러니 그대여, 『반야심경』의 유명한 주문을 되뇌어 보자.

아제아제 바라아제 바라승아제 모지 사바하揭諦揭諦 波羅揭諦 波羅僧揭諦 菩提 娑婆訶.(건너가세, 건너가세, 저리로 건너가세, 저기로 다 함께 건너가세. 깨달음이여, 만세!)

욕심과 번뇌는 채우고 없애려 할수록 강해진다. 반백半百의 나이에는 이미 이 사실을 안다. 어떤 자리건, 지위와 권력은 더 이상 상관없다. 이제 세상의 시선에 휘둘리지 않는 깨달음의 경지로 나아갈 차례다.

| 자유 |

죽일 수는 있어도
이길 수는 없는 사람

_이마누엘 칸트

밥벌이는 엄중한 현실이다. 하는 일이 내가 뜻하던 바와 달라도, 일터가 좇는 바가 내 가치관과 틀어졌어도, 함부로 박차고 나가지 못한다. 치솟는 혈기대로 살 때의 어려움을 너무 잘 아는 탓이다. 나이 들어 가는 나를 받아줄 곳은 많지 않다. 게다가 어느덧 책임이 권리보다 많아지고 있다. 늙으신 부모님, 학령기 자녀, 자신의 노후 등 내 어깨에 매달린 이들을 챙겨야 하지 않는가. 그래서 당신은 오늘도 버틴다. 미래에 대한 기대는 진즉 사라졌다. 이제는 얼마나 오래 버틸 수 있을지만 문제일 뿐이다. 하루하루 내 영혼이 사라지는 듯한 느낌인 고달픈 일상이 거듭된다.

이런 생각들 때문에 우울함에 자주 휩싸인다면 이마누엘 칸트Immanuel Kant의 삶을 살펴볼 일이다. 칸트는 가난했다. 그는 주당 20시간에 이르는, 그것도 일정한 봉급도 없는 강사 생활을 14년이나 한 뒤에야 겨우 교수가 되었다. 이때 나이가 마흔여섯, 하지만 그마저도 칸트가 원하던 자리는 아니었다. 그는 윤리를 가르치고 싶었지만 대학은 칸트에게 논리학, 형이상학 강의를 맡겼다. 그래도 칸트는 불평할 처지가 못 되었다.

그는 모든 사람의 평등과 합리적 이성을 따르는 계몽주의자였다. 하지만 쾨니히스베르크 대학 교수는 '국가 공무원'이기에 그는 왕의 존귀함과 권위에 무조건 복종해야 했다. 바람과 현실이 줄곧 어긋나 있던 셈이다. 그런데도 칸트는 담담하고 조용하게, 자신만의 삶을 잘 꾸려나갔다. 또 언제나 친절하고 유쾌했다. 좋은 교수이고 왕의 신하였으면서도, 한 시대를 바꾼 '혁명적' 계몽주의자이기도 했다. 칸트는 이 모두를 도대체 어떻게 이뤘을까.

우리는 노예가 아니다

『계몽이란 무엇인가에 대한 답변Beantwortung der Frage: Was ist Aufklärung?』에 이 물음에 대한 답이 담겨 있다. 이 짧은 글에서 칸트는 이렇게 말한다.

> 근무 중인 장교가 상관의 명령이 적절한지 유용한지에 대해 논의하고 따지는 일은 쓸데없다. 그러나 그가 한 사람의 지식인으로 병역 의무의 문제를 지적하고 이를 세상의 판단에 호소하는 것은 금지될 이유가 없다.

칸트가 뜻한 바는 분명하다. 근무 시간에 우리는 자신이 속한 조직의 판단과 지시에 따라야 한다. 하지만 업무에서 놓여났을 때 우리는 '자유인'이다. 따라서 스스로 판단해 자신의 생각을 펼쳐도 된다. 생각할수록 당연한 말 아니겠는가. 우리는 노예가 아니다. 일터에서 '계약'에 따라 나의 시간과 노동력을 바칠 뿐, 퇴근 이후에 나는 '자유인'이다. 그런데도 대부분의 사람은 이 사실을 잊어버리고 노예처럼 출구 없는 인생을 꾸려간다. 왜 그럴까? 칸트의 말을 더 들어보자.

계몽이란… 미성년 상태에서 벗어나는 것이다. 미성년 상태란 다른 이의 지도 없이는 자신의 지성을 사용하지 못하는 상태다…. 미성년이 지성의 부족 때문이 아니라 스스로 생각을 펼치려는 용기와 결단이 부족해서라면, 그 책임은 자신에게 있다. 그러니 '과감히 알려고 하라sapere aude!', '너 자신의 지성을 펼치도록 용기를 내라!' 이것이 계몽이 뜻하는 바다.

아무리 강하게 나를 옥죄는 일터라 해도, 퇴근 후에 나는 다시 자유인으로 돌아갈 수 있어야 한다. 칸트가 바로 그런 삶을 살았다. 그는 충실한 국가 공무원이자 왕의 신하였지만, 일터에서 벗어나서는 엄연한 자유인으로서 왕권의 신성함에 맞서 모든 사람은 평등함을, 그리고 합리적이고 계몽적인 생각을 펼쳐야 함을 주장했다.

평생 목줄에 매여 살던 짐승은 줄을 풀어주어도 멀리 달아나지 못한다. 우리 인생도 그러하다. 자유도 연습해야 누릴 수 있는 법이다. 그대는 자기다운 자신이 되기 위해, 더 나은 세상을 꿈꾸고 이를 만드는 데 얼마나 시간과 공력을 들이고 있는가? 자유로운 시간에 '좋은 삶'을 상상하고 생각을 정리해 세상을 향해 주장을 펼치고 있는가? 이 물음에 대한 대답이 긍정적으로 바뀐다면 신산스러운 현실을 떨칠 가능성 또한 조금씩 열릴 것이다.

자유인이 되는 방법

칸트는 실용적이고 현실적인 사람이었다. 그는 우리에게 자유인답게 생각하고 판단하는 법을 친절하게 일러주기까지 한다. 『도덕 형이상학을 위한 기초 놓기』는 '자유인 되기를 위한 매뉴얼 북'이라 할 만하다. 세상 만물은 자연법칙에 따라서만 움직인다. 하지만 이성을 갖춘 사람은 다르다. 인간에게는 자유가 있다. 배가 고프다고, 화가 났다고 해서 여느 생명이 그렇듯 몸과 감정이 시키는 대로만 움직이지 않는다는 뜻이다.

물론 사람도 몸을 가졌으므로 자연법칙의 지배를 받는다. 하지만 한편으로는 자유로운 존재이기에 스스로의 의지로 본능을 이겨내며 올곧은 쪽으로 삶과 세상을 이끌 수 있다. 칸트는 우리에게 자연법칙보다 '도덕법칙'을 따르라고 말한다. 법칙은 누구에게나 예외 없이 통해야 한다. 그렇지 못하다면 법칙이 아닐 테다. 도덕법칙도

'법칙'이다. 따라서 이성을 가진 사람에게는 누구에게나 적용된다. 우리가 왜 "사람이라면 저럴 수는 없는 거야"라고 말하는지 떠올려 보라. 그렇다면 도덕법칙이란 무엇일까. 우리가 이를 알 수 있을까? 칸트는 다음 말로 명료하게 해답을 준다.

> 내 의지가 뜻하는 바가 보편적 법칙으로 될 만한지 따져서 행위하라.

칸트는 예를 들어준다. 내가 갚을 능력이 없는데도 돈을 빌리기 위해 충분히 갚을 수 있다며 거짓말을 했다고 해보자. 이때 내 행동은 옳을까? 다른 사람들이 모두 나처럼 돈을 빌리기 위해 서슴없이 거짓말한다고 상상해 보라. 이런 상황은 옳지 않다. 세상이 이내 엉망진창이 되는 탓이다. 자연법칙에는 예외가 있으면 안 된다. 도덕법칙도 예외가 있어서는 안 된다. 그러니 항상 처신하기에 앞서 나의 생각과 행동이 '보편적 법칙이 될 만한지' 따져보라. 이것이 인간 사회가 제대로 서기 위해 누구나 무조건 따라야 하는 '정언명령Kategorischer Imperativ'이다. 나아가 칸트는 이렇게도 말한다.

'누구에게나 적용할 만한 생각인가?'
자유인다운 자세와 품격은
올바른 판단을 내리려는 태도에서 온다.

「난간에 기대선 남자」, 조르주 쇠라

네가 너의 인간성뿐만 아니라 모든 사람의 인간성까지도 단지 수단으로만이 아닌 언제나 목적으로도 대하도록 행위하라.

우리가 하는 모든 일의 최종 목적은, 결국 나 자신을 포함한 사람들이 제대로 살게 하는 데 있다. 그렇다면 어떤 가치가 옳은지에 대한 판단과 선택은 모두 인간의 가치를 제대로 세우고 살리는지에 따라 내려져야 한다.

품위를 잃지 않기 위해

칸트는 자유도 연습해야 한다고 했다. 앞서 설명했듯 자유인답게 생각하는 연습은 간단하면서도 분명하다. 그러니 일상에서 이를 꾸준히 펼쳐보라.

"나의 생각, 또는 누군가의 주장이 과연 법칙처럼 누구에게나 적용할 만한가? 이런 판단, 행동은 과연 사람을 수단이 아닌 목적으로 대하고 있을까?"

이런 물음들을 자신에게 던지며 '판단 연습'을 꾸준히 펼쳐나간다면 어느덧 내 영혼은 옹골차고 단단해진다. 녹록지 않은 삶의 현실을 넘어서지는 못하더라도, 내 안의 자유인다운 면모는 절대 사라지지 않는다는 소리다. 몰락해도 고귀한 기품이 스러지지 않는 명문가 자제처럼, 나에게도 자유인다운 품격이 살아 있다. 그러니 세상에 주눅 들지 말자. 자유인다운 자세와 품위를 잃지 않기 위해 매일매일 자신의 정신을 가다듬자.

칸트는 이런 태도로 사는 사람들이 점점 많아진다면 세상은 마침내 '목적의 왕국'으로 바뀌게 된다고 말한다. 인류사회가 비로소 약육강식이라는 자연법칙에서 벗어나, 사람을 수단이 아닌 목적으로 존귀하게 여기는 곳으로 바뀐다는 의미다.

맞서지 않기에 지지 않는다

칸트는 유연한 사람이었다. 그는 프랑스대혁명의 시대를 살았다. 이웃 나라의 혁명에 왕과 권력은 날이 서 있었고, 지식인이라면 검열과 처벌의 위험을 피하기 어려웠다. 칸트는 대놓고 왕의 권위에 맞서지 않았다. 종교를 비판하지 못하게 하면 정치에 대해 말했고, 정치를 말하지 말라고 하면 자연의 원리와 철학을 논했다. 그래도 칸트의 태도는 비굴해 보이지 않는다. 칸트에게는 언제나 '자유인다운 품격'이 살아 있었던 까닭이다. 맞서지 않았던 칸트는 세상에 지지 않았다. 칸트의 철학과 계몽 정신은 마침내 세상을 더 평등하고 합리적인 모습으로 이끌었다.

힘들고 어려워도 자유인다움을 꾸준히 연습하자. 세상은 자유인을 죽일 수는 있어도 이기지는 못한다. 이런 사람이 된다면 세상살이는 더 이상 버겁지 않다.

(관조) ## 들지 않으면 무겁지 않다

_아르투어 쇼펜하우어

아르투어 쇼펜하우어Arthur Schopenhauer의 철학이 최근 몇 년 사이 인기다. 종합 베스트셀러 목록에 그를 다룬 책이 여러 권 눈에 띈다. 이를 보는 마음은 착잡하다. 쇼펜하우어 앞에는 '염세厭世 철학자'라는 말이 별명처럼 따라붙기 때문이다. 우울할 때 어두운 음악이 끌리는 법, 어두운 철학에 끌리는 사회가 밝고 건강할 리 없다.

대한민국의 평균 연령은 2025년 현재 45.5세다. 사회 전체가 '중년의 위기'에 빠져들 만한 시기라는 의미다. 불안과 무기력, 질투와 시기, 뜻 모를 분노 같은 중년을 휩쓰는 감정들이 대한민국의 상태를 짚어주는 키워드처럼 다가온다. 흔들리는 중년 사회인 대한민국에 쇼펜하우어는 어떤 지혜를 안겨줄 수 있을까.

"삶은 고통이다"

쇼펜하우어의 가르침은 '호통 치료'에 가깝다. 그는 자기 철학에서 위로를 바라지 말라고 잘라 말한다. 그의 태도는 말기 암 환자에게 남은 살날을 일러주는 냉철한 의사와도 같다. 삶은 고통이다. 인간은 누구나 고통받다 병들고 늙어서 죽는다. 그러니 모든 희망을 버려라!

우리는 "내일은 나아지겠지", "노력하면 좋은 날이 올 거야"라는 희망 고문 속에 하루하루를 버틴다. 하지만 쇼펜하우어는 삶은 절대 나아지지 않는다고 목소리를 높인다. 당신의 인생을 되짚어 보라. 온통 부족한 것, 아쉬운 것투성이가 아니었던가. 그래서 그대는 더 나은 능력을 갖추고 더 많이 가지려 아등바등했다. 하지만 지위가 올라가고 여유가 생겨도 삶이 고달프기는 마찬가지였으리라. 이번에는 권태가 찾아들었을 테다. 쇼펜하우어는 이렇게 말한다.

"궁핍은 하류층을 때리는 채찍이고, 권태는 살 만한 이들을 파고드는 채찍이다."

먹고살 만한데도 자꾸만 헛헛하고 우울해진다. 나라 전체가 그렇다. 대한민국은 이제 국민소득 3만 달러가 넘는 선진국이다. 그런데도 왜 우리는 여전히 무기력과 뜻 모를 분노에 빠져들곤 할까. 쇼펜하우어가 한 말을 보면 그 이유가 헤아려질 듯싶다.

그의 주장은 염세주의의 끝판왕이라 할 만하다. 그런데도 쇼펜하우어의 잔혹한 선언은 되레 위안으로 다가온다. 내가 행복하게 살 팔자라고 믿을 때는 찾아드는 어려움이 당혹스럽고 괴롭다. 반면 나는 원래 힘든 처지에서 살 운명이라고 생각하면 늘 다가오는 고통에도 담담하다. 마땅히 겪어야 할 과정일 뿐이라고 여기기 때문이다.

쇼펜하우어는 마흔은 넘어야 인생을 보는 혜안이 열린다고 말한다. 인생의 전반기는 오르막길이다. 생활이 버거워도 꼭대기에 다다르면 성취의 기쁨이 가득하리라는 희망에 설렌다. 마흔 즈음은 인생의 내리막길이 보이기 시작하는 나이다. 산을 오를 때 보이지 않던 길의 끝이 비로소 눈에 들어온다. 그곳에는 몰락과 죽음이 있다.

젊었을 때는 선배들의 잘나가는 모습만 눈에 들어왔

다. 나도 저렇게 되고파서 조급했으리라. 이제는 그들도 결국 밀려나 세상에서 스러지는 광경이 가슴에 다가온다. 아무리 높이 올라가도 우리는 결국 마지막에 기력을 잃고 죽게 되어 있다. 이런 진실을 꿰뚫으면 허허로운 마음을 추스를 수 있다. 나를 무시하며 밀어내는 후배들이 서운한가? 그렇지만 이들도 결국 누군가에게 밀려날 테다. 그들도 언젠가는 지금 내가 겪는 아픔을 똑같이 겪게 된다. 그러니 마음 상할 필요 없다.

올라가기 위해 나를 짓밟는 자들 탓에 화가 나는가? 이 또한 부질없다. 그들 역시 결국은 떨어질 처지다. 우리는 모두 어두운 운명의 희생양일 뿐이다. 이렇게 생각하면 어느새 마음이 너그러워진다. 결국 저들과 나는 인생길의 아픔을 함께 겪는 '고통의 동반자'일 따름이다. 그러니 애써 이기려 하지 말자.

들지 않으면 무겁지 않다

쇼펜하우어의 말은 위태로운 마음에 위안을 준다. 그래도 마냥 편치 않을지 모르겠다. '이거 인생 패배주의자들의 정신 승리법 아니야?' 하는 의문이 찾아들기도 한다. 쇼펜하우어의 충고를 더 따라가 보자. 어느 현명한 사람이 물었다.

"저 커다란 바위는 무거울까, 무겁지 않을까?"

제자가 답한다.

"무거울 듯싶습니다."

그러자 선사가 웃으며 말한다.

"그렇지 않아. 자네가 저 돌을 들지 않을 때는 무겁지 않지."

쇼펜하우어의 지혜가 오롯이 담겨 있는 이야기다. 산을 오르려는 이에게 높고 험한 산은 힘들고 위험하다. 그러나 멀리서 바라보는 예술가에게는 아름다운 자연으로만 보일 뿐이다.

"욕망의 눈으로 볼 때 세상은 고통이지만, 관조觀照할 때 세상은 아름다움이다."

쇼펜하우어의 말이다. 젊고 혈기 넘칠 때는 인정과 성공을 거머쥐려 분투한다. 그러다 중년에 이르면 세상의 추켜올림과 칭찬이 부질없음을 안다. 부추김에 이끌려 이용당하다가 버림받는 경우도 드물지 않다. 쇼펜하우어의 깨우침도 비슷하다. 그에 따르면 인생은 '맹목적인 삶에의 의지'에 따라 휘둘릴 뿐이다.

쇼펜하우어를 이해하는 데는 어려운 철학 설명보다 현대 과학이 더 도움이 된다. 리처드 도킨스의 『이기적 유전자』 이론에 따르면, 우리의 모든 행동은 후손을 남기기 위한 유전자의 숨은 노력에 지나지 않는다. '삶에의 의지'란 유전자와 비슷하다. 이는 생명을 이어가려는 강렬한 본능이다. 왜 돈 많이 벌고 인정과 사랑을 받고 싶은가? 무의식에는 멋진 상대를 만나 생명을 후대까지 이으려 하는 맹목적 열망이 숨어 있다.

생의 아름다움을 발견하는 길

이런 욕망에 사로잡히면 언제까지나 불행 속에서 허우적대게 된다. 쇼펜하우어는 이 지경에서 벗어날 길을 친절하게 일러준다.

욕망을 채우고 고뇌하며 행복을 얻었다고 해도 소용없습니다. 이는 거지가 손에 넣은 푼돈과 다르지 않아요. 오늘을 겨우 버틸 뿐, 내일은 또다시 목마름에 시달리게 되니

까요. 그러나 (맹목적인 삶에의 의지인) 욕구를 이겨낸다면 그대는 조상 대대로 내려오는 땅을 물려받은 듯한 상태에 이르게 됩니다. 영원히 인생의 힘든 고통에서 벗어나게 된다는 뜻입니다.

『부록과 보유Parerga und Paralipomena』, 우리말로는 보통 '쇼펜하우어 인생론'이라는 제목으로 출판되는 책에 나오는 말이다. 인생을 욕망이 아닌 관조하는 태도로 바라보라고 조언하는 그는 갖추어야 할 삶의 태도까지 일러준다. 산맥을 요긴한 금속이 묻힌 광맥으로 보는 사람은 산의 아름다움을 느끼지 못한다. 어떻게 써먹을까 하는 생각을 버리고 산을 그 자체로 바라보자. 그제야 비로소 웅장한 산맥은 가슴 먹먹한 예술로 다가올 테다.

우리가 삶과 세상을 바라보는 태도도 이와 같아야 한다. 쇼펜하우어의 가르침은 상식적이다. 노년에 이를수록 화초를 가꾸거나 자연 사진을 찍는 분들이 늘어나지 않는가. 격한 갈등을 겪는 모습을 따뜻하게 바라보며 "그래, 저 나이 때는 저게 심각한 문제일 거야"라며 고개 끄덕이는 노인들도 떠올려 보자. 삶을 욕망이 아닌 예술가의 눈으로 바라볼 때 어깨를 짓누르던 인생의 무게가

산은 오르려는 이에겐 위험해 보인다.
그러나 예술가에게는 아름다운 자연일 뿐이다.
욕망의 눈으로 볼 때 세상은 고통이지만
관조할 때 세상은 아름다움이다.

「화가가 있는 보첸의 풍경」, 절 쿠아에

덜어진다. 희극은 즐겁지만 비극은 아름답다. 아무리 커다란 바위도 들지 않으면 무겁지 않듯, 맞서 이기려 하지 않을 때 세상은 한 편의 예술 작품으로 다가온다. 그래서 쇼펜하우어는 이렇게 말한다.

"욕망에 사로잡혀 있을 때만 삶은 고통이다."

그렇다면 삶을 예술로 만들려면 어떻게 해야 할까. 쾌락에 이끌리지 않고 고상한 미적 감각을 키우기 위해 애써야 한다. 미술관이나 연주회를 언제 가봤는지 헤아려보자. 근육도 훈련해야 생기는 법이다. 삶을 관조의 눈으로 바라보게 하는 예술 감각도 애써 가꾸어야 한다. 중년의 삶이 욕정이 이끌리던 젊음의 세월과 같아서는 안 된다. 중년에는 욕망을 내려놓고 차분하게 세상의 본질을 바라보는 지혜를 길러야 한다. 이런 감각을 틔워주는 것이 바로 예술이다. 쇼펜하우어가 예술을 '삶의 꽃'이라 불렀던 이유다.

혼자일 수 없다면 나아갈 수 없다

그렇다면 우리는 어떻게 살아야 할까? 쇼펜하우어는

"규칙적이지 않은 위대한 삶은 없다"라며 '정신의 귀족'이 되라고 다그친다. 온통 욕망을 들쑤시고 호기심을 잡아끄는 거리로 넘쳐나는 요즘, 이런 상태에서 내 삶이 저절로 놓여날 리 없다. 단 음식을 줄이고 식단 관리를 하며 운동을 통해 건강을 가꾸듯, 마음도 꾸준히 다스리고 챙겨야 한다.

외롭다고 해서 섣불리 인간관계를 넓혔다가는 더 많은 스트레스에 노출되기도 한다. 이럴수록 "모든 불행은 혼자 있지 못하는 데서 생긴다"라는 쇼펜하우어의 말을 새겨들어야 한다. 깊고 풍성한 지성과 예술적 감성을 갖춘 사람은 혼자 있어도 외롭지 않다. 공부할 것들, 탐구해야 할 아름다움이 끝없이 펼쳐지기 때문이다. '고독solitude'과 '외로움loneliness'은 다르다. 고독할 줄 알아야 한다는 소리다.

평균 연령 45.5세, 중년에 다다른 대한민국에는 쇼펜하우어 열풍이 한창이다. 어쩌면 바람직한 현상인지도 모른다. 우리를 유혹하는 스마트폰과 동영상에서 벗어나 자신을 가꾸는 계기가 될 듯싶어서다. 그렇게 '좋은 고독'을 이루면, 욕망덩어리로 보이던 인생이 아름답게 보이기 시작할 테다.

오십의 품위는 어디에서 오는가

_미셸 드 몽테뉴

어느덧 경기는 후반에 접어들었다. 조금씩 체력이 떨어지고 호흡도 버거워진다. 상대는 젊고 강하다. 겨루기에 조금 힘에 부치지만 아직은 할 만하다. 우리에게는 노련함이 있지 않던가. 뒤지고 있어도 언제든 판세는 뒤집힐 테다. 이길 수 있다.

하지만 경기는 좀처럼 뜻대로 풀리지 않는다. 예전 승리의 기억으로 마음만 조급해질 뿐이다. 포기해야 할까? 그럴 수는 없다. 여전히 힘이 남아 있다. 기회가 보이기에 미련을 놓지 못한다.

경기장 밖에서의 삶

일찍이 플라톤은 "깨끗하게 자리에서 물러나기가 세상에서 가장 어려운 일"이라고 했다. 자기 경력이 기울고 있음을 받아들이기가 매우 힘들다는 뜻이리라. 그래서 사람들은 밀려날 때까지 경기장에서 버티곤 한다. 그러나 빨리 패배하는 편이 더 나을 때도 있다. 지고 난 후에야 비로소 깨달음이 밀려오는 까닭이다.

경기장이 내 인생의 전부는 아니다. 시합에 더 이상 나가지 못한다 해도, 나에게는 여전히 긴 세월이 남아 있지 않은가. 그런데도 승패에만 집중했던 나는 경기장 밖에서의 삶을 어떻게 꾸려야 할지를 모른다. 이 고민에 미셸 드 몽테뉴Michel de Montaigne는 길잡이가 되어준다. 그는 법원 판사로서 한창 경력을 쌓을 38세에 자리를 털고 일어나 고향의 자기 서재로 돌아가 버렸다. 그는 왜 이런 선택을 했을까.

이십 대는 인생의 정점을 향해 올라가는 시기다. 반면 중년은 삶의 꼭대기를 지나 끝을 향해 내려가야 하는 때다. 이십 대 때의 지혜가 인생 후반부에도 통하리라는 법은 없다. 오르막길을 오르듯 내리막길을 갈 수는 없지 않겠는가.

"그대는 죽음이 다가오는데도 무덤 생각은 안 하고, 대리석을 깎아 집을 짓고 있다."

몽테뉴의 말이다. 인생 전반에 몸에 밴 관성대로 후반부 삶을 가꾸지 말라는 의미다. 그는 30대 후반에 사회생활이라는 경기장을 박차고 나갔다. 그리고 남들보다 일찍 인생 후반전을 시작했다. 몽테뉴의 선택을 보며 고개를 갸웃거리는 사람이 많을 듯싶다. 아직 한창인 나이, 노력하면 더 높은 지위에 오르고 돈도 더 많이 벌 수 있다. 그런데도 왜 그리 급하게 기회를 놓아버린단 말인가.

몽테뉴는 이런 지적에 담담하게 답한다. 우리는 모두 죽는다고. 중년에게는 살아갈 날이 살아온 날보다 적다. 그래서 더 높이 올라가고 더 많이 가질수록 마음만 더 초조하고 불안해진다. 이 모두를 놓아버리고 무無로 돌아가야 하는 시간이 점점 다가오는 탓이다. 잃을 것이 많으면 슬픔과 고통만 커지는 법, 삶을 마칠 때 죽음에 내어줄 것이 거의 없는 편이 남는 장사 아닌가! 이쯤 되면 왜 그가 "죽음을 연습하는 것이 자유를 연습하는 것"이라 했는지 이해가 간다. 삶의 내리막에서는 연착륙이 목표여야 한다.

자기를 가꾸는 가장 위대한 기술

그렇다면 몽테뉴는 어떻게 후반부 인생을 가꾸었을까. 그는 『에세Essais』, 즉 『수상록』에서 담담하게 자신의 중년 생활을 이렇게 들려준다.

> 나는 젊었을 때 과시하려고 읽었다. 좀 더 나이 먹어서는 지혜로워지고자 읽었다. 지금은 그냥 즐기기 위해 읽을 뿐이다.

지금까지의 삶은 내가 아닌 것들로 채워졌다. 이제 '인생의 끝부분'만큼은 나를 위한 것들로 채워도 되지 않겠는가. 그러나 여가를 누리며 일상 즐기는 법을 익히기란 일 배우기만큼이나 어렵다. 허허로움을 이기지 못해 다시 일자리를 찾는 퇴직자들이 드물지 않은 이유다.

몽테뉴도 역시 호기롭게 일터를 박차고 나왔지만, 처음에는 오롯이 자기 시간을 가꾸기가 쉽지 않았다. 공직에 있을 때는 큰 문제들을 다루느라 괴로워했다. 그런데 일에서 완전히 놓여난 뒤에는 일상의 자잘하고 소소한 문제들이 크게 다가왔다. 가족 간의 소소한 다툼이 직장에서의 커다란 갈등만큼이나 마음을 힘들게 했다. 그렇지만 몽테뉴는 '자기를 지키는 가장 위대한 기술'을 익히기 위해 소소한 일상부터 공들여 가꾸어 나갔다.

> 아내나 하인이 보기에도 흠잡을 데 없는 사람은 세상에 많지 않다. 집안사람들에게 감탄의 대상인 이들도 거의 없다. 자기 집이나 고향 마을에서 예언자 노릇을 하는 자는 없다. 이는 역사가 우리에게 가르쳐준 진실이다.

그만큼 가까운 일상을 섬세하게 잘 챙기는 사람은 드물다. '자기를 지키는 가장 어려운 기술'인 셈이다. 일상에서부터 훌륭한 인품을 갖춘 이는 지위나 권력이 없어도 존경받는다. 우리는 주변 사람들에게 어떤 평가를 받고 있을까? 몽테뉴는 이렇게도 충고한다.

"얼마나 좋은 말[馬]인지는 경마장에서 달릴 때뿐 아니라, 천천히 걷거나 마구간에서 쉬고 있는 모습으로도 가늠할 수 있다."

좋은 인생을 사는 사람은 평범한 일상 모습에서도 따뜻함과 존경심이 느껴진다. 우리는 하루하루를 이런 사람으로 살고 있을까?

세상의 소음에서 벗어날 것

나아가 몽테뉴는 '자기만의 뒷방'을 만들라고 속삭인다. 중년은 홀로 있음이 자연스러워야 하는 나이다. 고독이 두려울 때 우리는 세상의 온갖 소음 속으로 다시 뛰어든다.

"사람들은 온갖 일에서 벗어났다고 생각하지만, 실은 일자리를 바꾼 것에 지나지 않는다."

몽테뉴가 한숨을 쉬며 하는 말이다. 무료함에 지쳐 사람을 찾아 나서기에 또다시 이러저러한 뒷말, 평가와 시선에 휩싸여 감정노동을 하게 된다는 뜻이다. 그래서 그는 "자신의 영혼을 친구 삼아라"라고 충고한다. 몽테뉴는 은퇴 후 대부분의 시간을 '자기만의 뒷방'인 서재에서 보냈다. 지금도 도서관에서 홀로 책을 읽고 생각을 가다듬으며 보내는 중년들이 종종 눈에 띈다. 고독에서 지혜를 길어낼 줄 아는 분들이리라.

물론 홀로 지내는 생활만으로 일상이 가치 있고 훌륭해지지는 않는다. 그래서 몽테뉴는 글을 쓰기 시작했다. 순전히 자기 자신을 탐색하고 '보여주기 위해서'다.

자기 자신을 묘사하기란 매우 어렵다. 그렇지만 이런 작업은 매우 유용하다. 사람들 앞에 모습을 드러낼 때는 머리를 빗고 몸단장을 하게 된다. 그래서 나는 언제나 끊임없이 나를 가꾼다.

『수상록』은 이런 목적으로 쓰였다. 사람들이 자기를 지켜보고 있다고 생각할 때는 자신의 가장 좋은 모습을 보여주려 애쓰지 않는가. 자기 자신을 가꾸기 위한 글쓰기라는 점에서 보면 우리는 몽테뉴보다 훨씬 좋은 처지에 있다. 요즘은 블로그나 카페 등 자유롭게 글을 써서 다른 사람들에게 내보이기 좋은 공간들이 얼마든지 널려 있다.

그렇지만 온종일 정치나 연예 기사에 댓글을 달며 보내는 생활은 몽테뉴식의 자기를 가꾸는 법과 거리가 멀다. 이는 세상의 소음에 휩싸여 감정을 불끈거리느라 자신을 잃어버리게 할 따름이다. 몽테뉴는 세상일을 놓아버린 채, 고독하게 자기 자신 속으로 파고들었다. 그에게는 세상일이 아니라 책이 논의 상대이자 벗이었다. 몽테뉴는 이렇게도 말한다.

"책은 언제나 대기 상태인 벗이다."

세상의 온갖 소음에서 벗어나
'자기만의 뒷방'에서 고독을 즐길 줄 알아야
자기 자신 속으로 파고들 수 있다.
이때 책은 언제나 대기 상태인 벗이다.

「로마 메디치 빌라의 방에 있는 예술가」, 레옹 코니에 외롭고 힘들 때 언제든 똑같이 반가운 얼굴로 맞아주는 친구는 소중하다. 책이 바로 그렇다. 견디기 힘든 무료한 외로움을 덜어줄뿐더러, 언제나 기꺼이 나를 맞아준다. 이런 우정을 갖춘 사람은 든든한 마음으로 세상을 담담하게 헤쳐갈 수 있다. 이 점에서 독서에 익숙한 사람은 책을 통해 '자기만의 성채'를 갖춘 셈이다.

자신을 온전히 즐기기 위해

청춘은 아름답다. 싱싱한 감정과 육체의 매력은 그 자체로 감동을 준다. 하지만 중년은 날것이어서는 안 된다. 감정을 지성으로 다듬고 육체도 무너지지 않게 가꿀 때만 비로소 아름답다. 인생 후반부이기에 우리는 더더욱 살아지는 대로 살아서는 안 된다. "자기 자신을 즐기고, 그것도 품위 있게 즐기기 위해" 우리 자신을 주의 깊게 가꾸어야 한다. 세상에서 물러선 몽테뉴는 엄청나게 많은 책을 읽고 글을 썼다. 『수상록』에는 고전에서 따온 인용구들로 가득하다. 그렇게 감성을 다듬고, 품위 있게 자신을 온전히 즐겼다.

몽테뉴는 일찌감치 은퇴했지만, 말년으로 갈수록 세상이 그를 간절하게 찾았다. 왜 그랬을까. 변화가 빠른 시대는 언제나 새로운 생각을 원한다. 당시 오랜 종교전쟁 끝에 화해와 타협이 필요해지자 대결의 시대에는 없던 남다른 정신이 요구되었다. 사회와 거리를 두고 자신만의 지혜를 쌓던 몽테뉴는 이를 줄 수 있는 사람이었다.

강태공은 빈 낚싯대를 강물에 드리우고 세월을 낚았다. 몽테뉴가 자신의 서재에서 보낸 시간 또한 그러했으리라. 게다가 영혼의 성채를 갖춘 몽테뉴에게는 더 이상 세상이 필요하지 않았다. 세계가 그를 간절히 원했을 따름이다. 이렇듯 중년에는 물러섬이 되레 승리하는 길이 되기도 한다. 절제된 생활과 사색, 그리고 독서로 영혼을 위한 굳건한 성을 쌓는다면 생각지 못한 기회가 온다.

2. 여름

욕망을 다독이는 시간

지혜로운 중년은 결코 웅크리지 않는다.
그러나 과거의 욕망을 움켜쥐려 애쓰지도 않는다.
인정과 칭찬을 끝없이 갈구하며
보이지 않는 목표를 좇는 삶은 헛헛하다.

곧 사라질 것들에 애면글면하지 말자.
이제 일상이 주는 자연스러운 즐거움만으로도
삶을 충만하게 가꿀 줄 알아야 한다.

행복한 순간들이 하나씩 쌓이면
삶은 자연스레 행복으로 물든다.
생의 아름다움은 그렇게 완성된다.

「창문」, 안톤 디펜바흐

시간을 이기는 권력은 없다

_에피쿠로스

    로마의 정치가 킨킨나투스Lucius Cincinnatus는 하루아침에 엄청난 권력을 거머쥐었다. 외부의 적들이 힘을 합쳐 로마에 갑자기 쳐들어오자, 원로원이 그를 군대와 행정조직을 전적으로 통솔하는 독재관으로 임명했기 때문이다. 은퇴 후 농사를 짓던 킨킨나투스는 조국에 부름에 바로 수도로 달려갔다. 그러곤 보름도 안 되는 기간에 적들을 물리치고 깨끗하게 자리에서 물러났다. 모두가 그를 영웅으로 떠받들었음에도, 킨킨나투스의 임기가 아직 6개월이나 남아 있음에도, 그의 결심은 흔들리지 않았다. 그가 영원히 존경받는 지도자로 남아 있는 이유다.

절정의 순간 스스로 자리에서 내려서기는 쉽지 않다. 하지만 삶을 오롯하게 가꾸고 싶다면 그래야 한다. 고대 마케도니아왕국의 알렉산드로스대왕은 동서양에 걸친 대제국을 만들었다. 하지만 그는 끝없이 욕심을 내다가 헛헛함과 고독 속에서 스스로 무너지고 말았다. 자유, 평등, 박애라는 프랑스 대혁명 정신을 대표했던 나폴레옹은 또 어떤가. 마지막에는 권력 욕심에 휩싸인 독재자가 되어 유럽 전체를 전쟁으로 몰아넣고 말았다. 젊은 날에 야망은 삶의 에너지다. 반면 중년에는 몰락의 씨앗이 된다. 용케 몰락할 운명에서 벗어난다고 해도, 길들이지 못한 야망은 결국 노년에 이르러 추한 노욕老慾이 되어버릴 테다.

그래서 스토아 철학자 에픽테토스Epiktētos는 "늘 연회에 참석한 듯 살라"라고 충고한다. 맛있는 음식 접시가 왔다고 해서 이를 계속 내 앞에 붙잡고 있어서는 안 된다. 다른 사람들도 즐기도록 얼른 요리를 넘겨주어야 한다. 삶에서 내가 누리는 기회들도 그렇다. 때가 되면 다른 이들을 위해 물러나야 한다. 인생 후반기, 품격 있고 존경받는 일상을 꾸리기 위해서도 그래야 한다. 물론 나의 경력이 내리막길에 접어들었음을 받아들이기는 쉽지 않다. 그래서 중년에는 야망은 다스리고 삶의 자세를 가다듬도록 욕구를 디톡스detox해야 한다.

인간이 즐기는 세 가지 쾌락

이 점에서 고대 그리스의 '쾌락주의자' 에피쿠로스Epicouros는 중년에게 통찰을 준다. 그는 쾌락을 세 가지로 나눈다. '자연스럽고 필수적인 즐거움', '자연스럽지만 필수적이지 않은 즐거움', 마지막은 '자연스럽지도 않고 필수적이지도 않은 즐거움'이다.

첫째, 목마를 때 물을 마시고, 배고플 때 음식을 먹으며 졸릴 때 잠을 잔다. 이는 '자연스럽고도 필수적인 즐거움'이다. 둘째, 허기를 채우는 데 그치지 않고 푸짐하게 먹고, 졸음과 피곤함을 없애는 정도를 넘어 더 멋진 곳에서 자고 싶어 한다. 이는 '자연스럽지만 필수적이지 않은 즐거움'이다. 우리 본능이 바라기는 하지만 없어도 되는 쾌락이라는 의미다. 마지막으로 셋째, '자연스럽지도 않고 필수적이지도 않은 즐거움'이 있다. 이름을 널리 알리고 싶은 욕구, 높은 자리에 올라가 한껏 존경받고 싶은 욕망 등이 여기에 들어간다.

쾌락 전문가인 에피쿠로스는 우리에게 '자연스럽고 필수적인 즐거움' 정도에 머물도록 욕구를 끊임없이 다스리라고 충고한다. 바라는 바가 적을수록 행복을 누릴 가능성이 커지기 때문이다. 실제로 에피쿠로스는 빵과 물만으로도 만족하며 살았다. 그리스 식탁에서 필수품이었던 포도주조차도 "(하루에) 4분의 1리터로 만족했으며, 그 밖에는 물만 마셨다"고 한다.

반면 '자연스럽지만 필수적이지 않은 즐거움'에 접어들면 욕망의 고삐가 이내 풀려버린다. 아무리 맛있는 음식을 먹어도 소용이 없다. 우리 혀는 이내 더 맛나고 고급스러운 음식을 바라게 된다. 집이나 지위는 또 어떤가. 아무리 좋은 것을 갖고 있다 해도, 나보다 더 멋지고 훌륭한 것을 누리는 이들이 세상에 널려 있다. 그래서 마음은 비교 탓에 생긴 지옥에서 빠져나오지 못한다.

잃을 것이 많으면 두려움도 많다

'자연스럽지도 않고 필수적이지도 않은 즐거움'은 최

악이다. 명성을 누리며 권력을 한껏 움켜쥐었다고 해보자. 사람들에게 우러름을 받는 순간은 짜릿하고 좋을지 모르겠다. 그러나 마음은 불안과 의심으로 가득하다. '저 사람은 나를 진짜 좋아할까, 내가 가진 권력을 이용하고 싶어 나에게 잘 보이고 있을 뿐인가?', '내게 돈이 없어도 저이는 나를 따를까?' 등 의심이 끊이지 않는다. 게다가 부와 권력, 인기는 바람과 같다. 언제든 내게서 사라질 수 있다는 의미다. 그래서 이런 것들로 자신의 가치나 삶의 의미를 찾는 이들은 늘 피곤과 불안에 찌들어 있다. 한마디로 그들은 불행하다.

    중년에는 '자연스럽지도 않고 필수적이지도 않은 즐거움'을 멀리해야 한다. 이를 노리는 사람은 많다. 지치고 힘 빠진 야수를 둘러싼 들개처럼, 그들은 내게서 결국 이 즐거움을 빼앗아 갈 것이다. 그러니 곧 사라질 것에 애면글면하지 말자. 이제는 자신을 '자연스럽고 필수적인 즐거움'만으로도 일상이 충분하도록 단련할 때다. 잃을 것이 많은 자는 두려움도 많다. 잃을 게 별로 없는 사람, 적게 갖고도 충분히 삶을 꾸리는 사람은 세상이 별로 무섭지 않다. 설사 나락으로 떨어진다 해도 충격이 별로 없는 탓이다.

좋은 관계를 가꾸는 시간

인생 전반기에는 더 많이 갖고 더 높이 올라가려 아등바등했다. 이 또한 좋은 삶의 자세다. 그 과정에서 배우고 느끼는 점이 많은 덕분이다. 그러나 지금은 인생 후반전이다. 후반기에는 성장보다 성숙에 초점을 맞추어야 한다. 중년의 매력은 청년과 싸워서 이기는 데 있지 않다. 그들을 이겨봤자 분노와 원망의 눈초리만 돌아올 뿐이다. 중년의 아름다움은 어떤 상황이 와도 흔들리지 않는 고요함, 침착함에 있다. 이런 담담한 태도는 뒤따라오는 이들에게는 믿음직한 안내자가 되고, 노쇠한 분들에게는 든든한 버팀목이 된다. 그러니 세상에 흔들리지 않도록 욕구의 크기를 줄이자. '자연스럽고 필수적인 즐거움' 수준으로 말이다.

물론 이렇게 하기란 쉽지 않다. 그래서 에피쿠로스는 '정원 공동체'를 꾸렸다. 그는 수도 아테네를 벗어난 한적한 외곽에 정원을 꾸리고 뜻이 맞는 이들과 함께 살았다. 인간 두뇌는 변온동물과 같다. 주변 사람들이 삿된 욕망과 경쟁심에 사로잡혀 있을 때는 내 안의 욕심도 한껏 달아오른다. 한편 검소하게 살며 따뜻한 배려로 가득한 사람과 함께할 때는 어떤가. 템플스테이나 피정을 할 때의 마음가짐을 생각해 보라. 저절로 안온해지며 욕심을 내려놓게 된다.

그렇다면 중년의 성장 과업은 '좋은 관계 가꾸기'에 두어야 하지 않을까. 가족이나 절친한 친구에게 잘 보이려고 명품 가방을 사고 고급 차를 모는 경우는 흔치 않다. 이들은 내가 어떻건 나를 좋아하고 사랑하리라는 점을 알기 때문이다. 잘 모르는 이들, 내 욕망을 채워줄 자들에게 인정과 사랑을 받기 위해 우리는 '자연스럽지만 필수적이지 않은 쾌락'과 '자연스럽지도 않고 필수적이지도 않은 쾌락'에 휩쓸려 버린다. 나를 나 자체로 받아들이고 보듬는 이들이 많을 때, 내 일상은 비로소 불안에서 벗어난다.

우리는 좋은 관계를 가꾸는 데 얼마나 공을 들이고 있을까? 에피쿠로스는 이렇게 말한다.

"우정과 사랑philia은 춤추며 온 세상을 돌아다니며 행복하게 살라고 우리를 일깨운다."

이제 노후 자금과 사회적 품위를 갖추기 위해 애쓰는 만큼이나, 좋은 친구를 만드는 데 힘을 쏟아야 한다.

삿된 욕망에 사로잡힌 사람과 있으면
내 안의 욕심도 한껏 달아오른다.
한편 검소하고 따뜻한 사람과 함께할 때는
저절로 안온해져 욕심을 내려놓게 된다.

「석양이 지는 폭포 앞의 두 남자」, 요한 크리스티안 달

사색을 통해 절제하다

하지만 에피쿠로스의 말에 모두 공감한다 해도 일상에서 그의 가르침을 실천하기란 쉽지 않다. 건강한 식습관의 중요함을 안다 해도, 우리 혀는 여전히 달고 짜고 기름진 맛에 끌리지 않는가. 그래서 에피쿠로스는 이도메네오스에게 보낸 편지와 짧은 글에서 사색을 통해 절제하는 삶의 자세를 강조한다.

> 우리가 검소함을 중히 여기는 까닭은 언제나 값싼 음식만 먹기 위함이 아니다. 음식에 대한 욕망에서 벗어나기 위해서다.

> 병에 걸려 열이 나는 사람들은 가장 해로운 것에 목말라 하며 그것을 마시려 한다. 마찬가지로, 마음의 상태가 좋지 않은 이들은 탐욕에 따라 계속 변하는 욕망 속에 빠져 지낸다.

"어떻게 하면 더 출세하고 재산을 더 늘릴까?"라는 질문은 이제 내려놓아야 한다. 인생 후반기에는 "건강하고 행복하기 위해 나에게 무엇이 필요할까?"라는 물음이 삶의 중심에 놓여야 한다. 에피쿠로스는 '몸에 고통 없음(아포니아 aphonia)'과 '혼란함이 없는 마음 상태(아타락시아 ataraxia)'를 행복이라고 보았다. 무언가에 의존하는 삶은 언제나 불안하다. 욕심을 줄여 필요한 것이 적도록 일상을 다듬어보자. 킨킨나투스가 로마를 구원할 수 있었던 까닭은 헛된 야욕이 그에게 없었기 때문이었다. 나를 위해서도, 세상을 위해서도 영혼을 지옥으로 만드는 삿되고 헛헛한 욕망에서 벗어나야 한다.

절정경험을 거듭하기 위해

_에이브러햄 매슬로

어떤 이가 노년에 접어든 고대 그리스의 시인 소포클레스Sophocles에게 물었다.

"선생님은 더 이상 욕정을 느끼지 못하니 아쉽지 않으십니까?"

소포클레스는 정색하며 답했다.

"무슨 끔찍한 말을 하는가! 나는 이제야 잔인하고 사나운 주인에게서 막 빠져나온 듯하네."

펄펄 뛰는 욕구는 강한 쾌감을 안긴다. 하지만 채워지지 못하면 삶이 지옥으로 바뀌는 경우도 무수히 많다. 그러니 약해지는 욕망을 고마워해야 한다. 일상이 안온해지는 까닭이다. 그런데도 욕구를 되살리려 애쓰는 이들도 적지 않다. 온갖 좋은 약재를 구해 먹거나, 젊어 보이려 안간힘을 쓰는 이들을 보라.

건강하게 살려는 노력은 나쁘지 않다. 그러나 늙음을 외면하며 푸르름과 활기참을 영원히 움켜쥐려는 애씀은 헛헛하다. 시간은 내 편이 아니다. 젊은이만큼 강렬한 마음과 화사하게 피어나는 아름다움은 다시 나에게 찾아들지 않을 테다. 그렇다면 이제는 풋풋했던 시절과 다른, 나이에 걸맞은 욕망을 틔워야 하지 않을까. 욕망은 평생에 걸쳐 성장해야 한다. 호흡 가쁘고 짧은 순간에만 만족이 주어지는 낮은 단계의 욕구에서, 편안하고 길게 이어지는 높은 차원의 욕구로 나아가야 한다는 뜻이다.

여전히 인정받고픈 마음

에이브러햄 매슬로Abraham Harold Maslow는 '욕구 5단계 이론'으로 유명한 심리학자다. 욕구는 생존, 안전, 소속감과 사랑, 인정, 자아실현의 순서로 나아간다. 또한 아래 단계의 욕구가 제대로 채워지지 않으면 위 단계의 욕구는 생겨나지 않는다. 예컨대 굶어 죽을 지경인 멧돼지는 위험을 무릅쓰고 먹이를 찾아 사람 사는 곳으로 내려온다. 생존의 욕구가 채워지지 않기에 안전의 욕구를 돌볼 겨를이 없기 때문이다.

한편 충분히 안전해지면 따뜻하고 마음 기댈 만한 관계를 바라게 된다. 이마저 채워졌다면 더 나은 사람으로 인정받고 싶은 바람이 찾아들 테다. 그렇다면 우리는 지금 어느 수준의 욕구에 머무르고 있을까? 매슬로에 따르면 선진국의 경우 생존과 안전의 단계에서 허덕이는 이들은 많지 않다. 맞는 말이다. 대부분은 때때로 배고픔을 느낄지언정 굶주림에 시달리지는 않는다. 갑자기 누군가가 공격할지 모른다는 불안에 떠는 경우도 흔하지 않다. 그러나 소속감과 사랑, 인정의 욕구는 항상 우리 마음을 사로잡곤 한다. 드라마나 영화 역시 이 욕구들을 둘러싼 심리 게임을 그리는 경우가 적지 않다.

오십 대를 괴롭히는 욕구도 이런 것들이리라. 나는 더 이상 '왕년의 나'가 아니다. 일터에서도, 가정에서도 내 자리는 줄어들고 있다. 인정과 존경보다 무시와 비난의 감정이 마음을 지배하는 상황도 많아진다. 매슬로는 생존, 안전, 소속감과 사랑, 인정을 바라는 심정을 '결핍 욕구'라 불렀다. 부족해서 생겨난 문제는 채워져야 해결될 테다. 배고프면 먹어야 하고, 불안한 마음은 위협이 사라진 다음에야 비로소 가라앉는다. 사랑받고 인정받고픈 심정도 그렇다. 이런 마음 역시 관심과 칭찬, 또는 우러름을 받은 뒤에야 풀릴 테다.

그렇지만 반백인 그대에게 사랑과 관심이 촉촉하게 주어지는 경우는 흔치 않다. 자존감을 높여줄 기회도 점점 줄어들뿐더러, 이를 얻기 위해 애쓰기에는 몸도 정신도 예전 같지 않다. 그래서 중년은 다음 셋 중 하나의 모습을 띠기 십상이다. 미친 사랑을 꿈꾸며 일탈에 빠지거나, 불 꺼진 방에서 깊은 시름에 잠겨 있거나, '나 아직 죽지 않았어!'라며 '꼰대 짓'을 일삼거나. 이대로 더 나이 들어간다면 그대의 인생은 어떻게 될 것 같은가?

단단한 태도를 만드는 욕구

이 물음에 정신이 번쩍 든다면, 매슬로의 이야기에 더 집중해야 한다. 매슬로는 결핍 욕구를 넘어서 '성장 욕구'로 나아가라고 충고한다. 이는 진정한 자신의 존재를 실현하고자 하는 갈망, 즉 '자아실현의 욕구'다. 그대는 어떤 순간에 진정 '나답다'라는 생각이 드는가? 매슬로에 따르면 자신의 본성에 진실할 때만 자아실현이 가능하다. 음악가는 음악을 만들고, 화가는 그림을 그리고, 시인은 시를 써야 궁극적으로 행복을 얻을 수 있다는 말이다.

하지만 이 말이 혜안보다 절망으로 다가오는 중년이 훨씬 많겠다. 나이가 오십이나 되었으면서도, 여전히 나의 진정한 가능성이 무엇인지, 내가 진짜 바라는 바가 무엇인지 모르는 이들이 얼마나 많은가. 매슬로 자신도 자아실현에 다다른 이들을 전체 인류의 2퍼센트 남짓으로 가늠했다. 게다가 매슬로는 아래 단계 욕구가 채워져야 위 단계 욕구가 생겨난다고 했다. 아직도 나에게는 소속감과 사랑, 인정에 대한 갈망이 채워지지 않았다. 그런데 어떻게 자아실현을 꿈꿀 수 있단 말인가.

매슬로도 이런 항의를 많이 받았던 듯싶다. 그래서 그는 친절하게 모든 의문에 조곤조곤 답한다. 인간의 욕망은 하나씩 찾아들지 않는다. 대부분 사람은 다섯 단계의 욕구에 동시에 시달린다. 예컨대 생존의 욕구가 40퍼센트, 안전이 25퍼센트, 소속감과 사랑이 15퍼센트, 인정의 욕구가 10퍼센트, 자아실현의 욕구가 10퍼센트씩 채워져 있는 식이다. 정도의 차이가 있을 뿐, 나에게도 자아실현의 욕구가 살아 있다는 의미다.

그렇다면 과감하게 결핍 욕구를 넘어 성장 욕구, 즉 자아실현의 욕구에 매달려 보자. 이는 충분히 가능한 일이다. 위 단계의 욕구가 잘 채워진 이는 설사 아래 단계의 욕망에 흔들려도 더 오래, 튼실하게 버티곤 한다. 예컨대 소속감과 사랑의 욕구가 언제나 잘 채워졌던 사람은 불안한 상황을 더 의연하게 이겨낸다. 마찬가지로 그대가 자아실현의 욕구를 제대로 채운다면, 불안하고 외로우며 인정받지 못해 서운한 심정도 훌훌 털어낼 수 있을 것이다.

완전한 몰입에서 오는 행복

하지만 여전히 자아실현은 모호하고 다가오지 않는 개념이다. 그래서 매슬로는 자아를 실현할 방법을 구체적으로 일러주기까지 한다. '절정경험peak experience'을 최대한 자주, 거듭해서 느끼는 일상을 살라고 말이다.

등산을 좋아한다면 힘겹게 산에 올라 정상에 섰을 때의 뿌듯한 기쁨을 떠올려 보자. 달리기에 빠져 있다면 긴 고통 후에 찾아드는 러너스 하이runner's high의 황홀함을 생각해 보아도 좋겠다. 책에 푹 빠져 읽느라 시간이 '순삭'되었을 때의 뿌듯함도 절정경험이다. 절정경험은 평범한 이들도 자아실현의 상태가 무엇인지를 깨닫게 해 준다.

> (절정경험을 할 때) 잠시 그들은 자아실현자가 되고, 이는 그들에게 가장 행복하고 가장 스릴 넘치는 순간일 뿐만 아니라 가장 성숙하고 개성적이며 가장 큰 성취감을 느끼는 순간, 다시 말해 가장 건강한 순간이기도 합니다. (중략) 이는 자아실현을 전부 또는 전무의 문제가 아니라 정도와 빈도의 문제로 만듭니다.[1]

매슬로의 설명이다. 행복한 순간이 많이 쌓이면 삶은 행복으로 물든다. 절정경험도 그러하다. 자기를 잊을 만큼 완전히 몰입하는 절정의 경험이 많아질수록, 삶이 더 없이 행복한 상태에 접어들 가능성도 커진다.

자기를 잊을 만큼 완전히 몰입하는
절정경험이 일상에서 쌓이면
삶이 더없이 행복한 상태에 접어든다.
이는 자아실현의 길이기도 하다.

「재봉사」, 조지프 디캠프

지혜로운 중년은 웅크리지 않는다

"사실을 있는 그대로 바라보며, 불확실한 상황을 잘 견딘다. 자신이 어떻게 보일지보다 해결해야 할 문제 자체를 바라본다. 유머 감각이 탁월하다. 조직이나 분위기에 길들지 않으며 창의적이다. 독립적이면서도 민주적이어서 포용력이 높다. 도덕적 수준이 높다."

매슬로가 말하는 자아를 실현한 사람의 특징이다. 예를 들어 끙끙거리던 문제가 속 시원히 해결되었을 때, 또는 운동 후 나른한 만족감과 피로감에 젖어 있을 때 등을 기억해 보자. 마음이 한껏 자애로워지고 생각이 열리며 낙관적으로 바뀌지 않았던가?

지혜로운 중년은 웅크려 지내지 않는다. 젊을 때의 욕망을 되살리려 애쓰지도 않는다. 자신을 잊을 만큼 오롯이 몰입할 절정의 순간을 계속해서 찾아 매달릴 뿐이다. 오십은 꽃 사진을 찍기 시작하는 나이다. 등산과 식물 가꾸기 등에 매혹되기도 하고, 스포츠, 예술의 매력에 깊이 빠지기도 한다. 나이에 걸맞게 새로운 절정경험을 만들며 성장 욕구를 채워가자. 자아실현의 길은 멀리 있지 않다.

(욕정)

감정의 격랑을 이기는 법

_키케로

 계절을 타는 사람이 적지 않다. 특히 가을이면 쌀쌀해지는 날씨에 마음도 외롭고 헛헛해진다. 그래서 가슴을 달래줄 인연을 그리워한다. 중년이라고 다를까. 하지만 세상이 나를 보는 눈이 예전 같지 않다. 차갑게 가라앉는 삶, 영혼 한구석에 찬바람이 인다.

욕정은 공허함만 남길 뿐

 이럴수록 인생을 다시 따뜻하게 데워줄 새로운 사랑

에 대한 갈망이 피어난다. 소설 『매디슨 카운티의 다리』에서 그려지듯, 인생 후반기에 마침내 찾아든 불같이 뜨겁고 순수한 사랑 말이다. 하지만 중년의 사랑은 '내로남불'인 경우가 무척 많다. 나한테는 사랑이어도, 냉정하게 보자면 흔한 치정이나 불륜에 지나지 않다는 뜻이다.

키케로Cicero는 이 문제에 답을 안긴다. 그에 따르면 인생에는 여러 단계가 있다. 또한 각각에는 걸맞은 특징이 있다. 유년기에는 연약함이, 청년기에는 격렬함이, 중년기에는 장중함이, 노년기에는 원숙함이 어울리는 식이다. 젊은이의 강렬하게 타오는 사랑은 아름답다. 하지만 사랑에 눈이 먼 중년도 그럴까?

다 자란 성인이 아이처럼 칭얼대는 모습은 눈살 찌푸리게 한다. 앳돼 보이게 차려입고 젊어 보이려 애쓰며, 어린 애인의 관심을 사려 하는 중년의 모습도 다르지 않다. 이런다고 떠나가는 젊음이 다시 돌아오지 않을 테다. 중년의 연애 감정은 낙엽과도 같다. 순간 화려하지만 결국 떨어져 바닥을 뒹굴게 될 운명이라는 뜻이다.

물론 중년의 성性은 여느 청춘들만큼 강렬하다. 처지가 비슷한 중년들끼리의 끌림도 풋사랑처럼 순수하고 진지할 수 있다. 그러나 이는 현실을 잊게 하는 중독성 강한 진정제에 가깝다. 사랑을 나누는 순간만큼은 삶의 열정이 되살아날지라도, 그 장면이 끝나면 다시 불안과 허전함에 시달리게 되는 탓이다. 절절한 늦사랑이 집착과 의심으로 흐르다 '뒤끝 작렬인 추한 사랑'으로 주저앉는 경우가 얼마나 많던가.

오십 무렵의 공허함은 육체적 사랑으로 메워지지 않는다. 어린 시절 좋아하던 장난감을 받는다고 청년의 불안이 사라지지 않는 것과 같은 이치다. 빈 가슴은 나이에 걸맞은 방식으로 채워야 한다.

이성이 제대로 힘을 쓸 기회

플라톤에 따르면, 쾌감이란 '악을 낚는 미끼'일 뿐이다. 얼마나 많은 유혹과 타락, 실수와 부끄러움이 거친 욕정 탓에 일어나는지 떠올려 보자. 강한 본능을 이겨내기란 쉽지 않다. 그러다 중년에 이르면 욕망에서 예전 같은 절실함이 조금씩 사라져 간다. 덕분에 본능적 욕구에 멱살 잡혀 끌려다니던 이성이 마침내 제대로 힘을 쓸 기회도 늘어난다.

그래서 키케로는 "노년은 매우 영예로운 시기"라고 강조한다. 거친 욕망에 놓여난 노년은 충분히 여유롭고 아름답다. 청춘의 아름다운 빛에 취한 중년이 이 사실을 모를 뿐이다. 그러니 젊음에, 즐거움을 안기던 쾌락의 뒷자락에 매달리지 말고 노년이라는 다음 단계를 향해 나아가자. 키케로는 『노년에 대하여』에서 이렇게도 말한다.

> 만약 연구와 배움을 가꿀 만한 소양이 있다면, 그 무엇도 한가한 노년보다 즐겁지 않다네. (중략) 매일 새롭게 많이 배우면서 늙었다는 솔론의 말은 존중할 만하지. 어떠한 쾌락도 정신적인 즐거움보다 더 크지 않다네.

고요하게 숙성되는 시간

청춘은 좋은 학벌, 훌륭한 일터와 세상의 인정, 부와 명예, 짜릿한 사랑을 좇는다. 이런 모습은 자연스럽다. 그들에게서는 여름에 나무들이 더 많은 햇빛과 양분을 찾아 뿌리와 줄기를 한껏 뻗는 듯한 생명력이 느껴진다. 하지만 중년도 이래야 할까? 빈손이나 다름없던 청년의

결점은 좋은 성품을 만들려는 노력으로 달콤해진다.
세월이 흐른다고 모든 포도주가
다 맛이 들진 않는다.
인생 역시 그렇다.

「벨뷔의 마네 부인」, 에두아르 마네

여름에 비해 중년은 이미 많은 양분을 가지고 있다. 현명한 운용이 필요한 시기라는 뜻이다. 일시적 만족에 휘둘리지 않고 내면을 옹골차게 가꾸며, 그렇게 다가올 노년을 준비해야 한다.

키케로는 충고한다. 젊은이의 죽음은 비극이다. 그러나 노년의 죽음은 자연스레 찾아오는 인생의 과정이자 완성일 따름이다. 대부분 청춘의 머릿속에 죽음은 없다. 너무 먼 미래의 일로 여겨지기 때문이다. 중년도 애써 죽음을 외면한다. 오로지 몰락과 소멸로만 느껴지는 까닭이다. 그러나 이제는 달라져야 한다. 차분히 숨을 고르며 살아온 삶에서 눈을 돌려보자. 그리고 다가올 죽음을 바라보자. 죽음이 내 인생의 훌륭한 완성이 되려면 인생 후반기에 나는 무엇을 어떻게 해야 할까? 키케로는 계속해서 말한다.

> 모든 결점은 좋은 성품을 만들려는 노력으로 달콤해진다네. (중략) 세월이 흐른다고 모든 포도주가 다 시어지지는 않지. 인생 역시 그렇다네.

강렬한 햇살만 계속 받는 포도주의 상태가 좋을 리 없

다. 향기로운 술이 되려면 서늘한 냉기에서 숙성되는 시간이 있어야 한다. 오십, 반백의 세월도 그래야 한다.

인생 진도표를 새로 만들다

그런데도 왜 우리는 젊음에 집착하며 불같은 사랑을 놓아버리지 못할까. 비아그라로 움츠러드는 성적 능력을 감추며, 진한 화장으로 짙어지는 주름살을 감추려 할까. 사춘기는 몸의 변화와 함께 찾아든다. 웃자란 키와 호르몬의 변화는 영혼의 균형을 흐트러뜨린다. 삶의 후반기에 찾아드는 갱년기, 즉 사추기思秋期에도 그렇다. 성호르몬이 바뀌어 체력도, 근력도 예전 같지 않다. 오십인 그대가 마음을 잡지 못하는 이유다.

사춘기 때 우리는 어찌해야 할 바를 몰랐다. 이럴 때 세상은 마땅히 나아가야 할 표준 인생 진도표를 보여주었다. 학생이라면 열심히 공부해서 좋은 성적을 거두라고 했다. 졸업 후에는 일자리를 찾아야 했고, 이후에는 사랑과 가정을 가꾸며 안정된 삶의 이력을 만들어가야 했다. 이런 인생 스토리를 때로는 받아들이고 때로는 밀처냈을지 모르겠다. 그래도 인생 전반기는 세상이 꾸려 놓은 진도표를 중심으로 굴러갔다. 하지만 사추기부터는 스스로 채워가야 하기에 오십의 마음은 불안할 수밖에 없다.

인생 후반부의 방향이 초반부와 같아야 한다는 법은 없다. 청년에게는 많은 관심과 기대가 쏟아진다. 그들은 마땅히 어떤 사람이 되어야 한다는 조바심, 주변의 바람대로 하지 못하는 자신에 대한 실망과 분노에 힘들어하곤 한다. 노년으로 향해가는 중년들은 어떤가? 세상은 나에게 관심이 없다. 아예 내가 괜히 끼어들지 않고 가만히 있기를 바라는 듯도 싶다. 회식 때 내 옆자리에 앉기를 한사코 피하는 사람들의 모습을 생각해 보자. 이런 처지에 실망할 이유는 없다. 이 또한 자연스러운 삶의 변화일 뿐이다. 키케로는 조언한다.

"배우가 연극의 모든 막幕에 등장할 필요는 없다."

나에 대한 관심과 기대가 사라진다는 사실은 되레 기뻐할 일이다. 앞서 이야기한 것처럼 심리학자 카를 융은 인생 후반부의 과제는 '개인화'라고 했다. 세상이 원하는 틀에서 벗어나 오롯한 자기 자신을 만들어야 한다는 의미다. 스무 살 젊은이의 남다른 꿈은 부모의 근심이 되기도 한다. 하지만 이순耳順을 넘는 자의 일상이 남들과 다르다고 걱정하는 사람은 많지 않다. 그러니 노년으로 향해가는 오십들은 이제 세상의 눈치에서 벗어나, 자기다움을 찾아나가야 한다.

과거를 곱씹지 않는 인생

융은 약해지는 욕정은 정신의 삶으로 나아가라는 신호라고 했다. 육체로만 봤을 때 중년은 점점 쇠약해지는 과정이다. 반면 정신으로 봤을 때 중년은 더 지혜로워질 시간이다. 영혼의 발목을 잡던 강한 욕망에서 이제야 벗어나고 있지 않은가! 이런데도 왜 그대는 여전히 청춘의 욕망을 내려놓지 못하고 있는가. 떠나가는 젊음에 애달아 하며 청춘에 또다시 매달리려 하는가.

만약 신께서 노인인 나를 다시 어린이로 되돌리려 하신다면 나는 강력히 맞설 것이네. 진심으로 나는 다시 출발점에 서고 싶지 않아. 이미 결승점에 다다랐기 때문이라네.

키케로의 말이다. 인생은 태어나서 나이 먹다가 죽음에 이르는 외통수 길이다. 뒤로 되돌아갈 수는 없다. 잘 사는 인생은 과거를 곱씹지 않는다. 앞으로 다가올 새로운 인생 과업에 힘을 쏟을 뿐이다. 중년의 공허와 불안은 감정의 격랑을 이기고 노년이라는 새로운 단계를 준비하라는 신호다. 이는 청춘같이 사랑을 나눈다고 절대 사라지지 않는다.

 # 부와 명예로부터 자유로워지다

_에픽테토스

"회사가 전쟁터라고? 밖은 지옥이다."

드라마 「미생」의 명대사다. 중년의 생활인에게 이 말은 가슴 깊이 시리게 다가온다. 어느덧 직장에서는 '엘더elder'라는 말이 생겨나고 있다. 오십 대가 되어서도 임원이 되지 못한 채 근근이 버티는 직원들을 일컫는 말이다. '리더leader가 아닌 나이 든 사람'이라는 뜻이니, 기분 좋은 의미는 아닌 듯싶다.

엘더들은 눈칫밥 먹는 신세이기 일쑤다. 승진은 물 건너간 지 오래, 조직 안에서 미래를 꿈꾸기란 어렵다. 간다고 반겨주는 부서도 없을 테다. 그렇다고 자리를 박차고 새 일을 찾기도 어렵다. 1차 베이비붐 세대(1953~1963년생)들은 오십 대에 호기롭게 회사 밖으로 자기 길을 찾아 나섰다. 이들이 어떻게 망하고 스러졌는지를 지금의 오십 대 생활인들은 낱낱이 지켜보았다. 그래서 어떻게든 일터 안에서 버티려 한다. 하지만 희망 없이 버티기란 무척이나 고되다. 하루에도 몇 번씩 굴욕감이 밀려든다. 회사 밖은 지옥이라고? 아마도 맞는 말이리라. 그러나 지금의 내 삶도 지옥이지 않은가. 이제 나에게는 탈출구도 없어 보인다.

가장 흔한 중년의 착각

이런 막막함에 속을 삭이는 중년이라면 로마 시대 철학자 에픽테토스에게 귀를 기울여 보자. 에픽테토스는 노예였다. 심지어 다리까지 절었다. 그럼에도 누구보다 자유인다운 품격으로 돋보였다. 로마 황제였던 마르쿠스 아우렐리우스가 그에게 열렬한 존경을 바쳤을 정도다. 에픽테토스의 인생 모토는 "견뎌라, 또 참아라"였다고 한다. 어떻게 그는 밑바닥의 삶을 견디며 의연하고 꿋꿋하게 헤쳐갔을까.

　우리 마음은 초점 오류focusing illusion에 빠지기 쉽다. 이는 무엇인가에 관심이 꽂혔을 때 인생에서 이보다 더 중요한 것은 없다고 믿어버리는 잘못을 일컫는다. 예를 들어보자. 미국 캘리포니아의 기후는 쾌적하다. 그럼 캘리포니아에서 살면 인생이 행복할까? 다른 곳에 사는 이들도, 심지어 캘리포니아 주민들도 대부분 이 물음에 '그렇다'라고 답한다. 하지만 심리학자들의 연구 결과는 다르다. 행복도는 캘리포니아나 다른 지역이나 큰 차이가 없다고 한다. 대도시의 삶을 떠올려 보자. 캘리포니아만큼 공기는 좋지 않아도, 일자리를 찾고 문화를 누릴 기회는 더 많다. 기후가 삶의 만족도에 미치는 영향은 꼭 절대적이지 않다.

　중년의 생활인들도 이와 비슷한 초점 오류에 빠져 있는 경우가 많다. 때마다 승진해 높은 자리에 있다면, 재산을 더 많이 모았으면 지금의 인생이 더 살 만할까? 조금만 둘러보아도 그렇지 않음을 금방 안다. 세상은 화와 우울로 가득한 윗사람들로 가득한 까닭이다. 표정 어두운 부자들도 무척 많다. 자기를 이용하려 들지도 모른다는 주변에 대한 의심, 자신에게 쏟아지는 질시에 대한 억울함으로 그들 마음도 괴롭다.

일터에서 벼랑 끝으로 내몰리는 중년은 늘 지위와 돈이 아쉽다. 그렇지만 언제나 절실했던 이 두 가지는 내 삶을 오롯하게 만들지도, 나에게 충만한 만족을 안기지도 못한다. 그렇다면 이제 인생을 지배하던 초점 오류에서 벗어나야 하지 않을까. 나아가야 할 방향을 새롭게 잡아야 할 때다.

삶을 생생하게 만드는 시련들

돈과 지위는 나 자신이 아니다. 내가 가진 것일 뿐이다. 에픽테토스는 『엔케리디온Enchiridion』에서 이렇게 충고한다.

> 한 마리 말이 자부심에 넘쳐 "나는 아름답다"라고 할 수는 있다. 그러나 당신이 "나에게는 아름다운 말이 있다"라고 말할 때, 그대는 말의 좋은 점에 우쭐해 있을 뿐이다. 너 자신의 것이 아닌 뛰어남으로 자랑하지 말라.

돈과 지위는 내 것이 아니다.
내가 가진 것일 뿐이다.
내 삶을 가장 나답게 만들어줄
새로운 목표를 설정해야 한다.

「은으로 만든 정물」, 알렉상드르 프랑수아 데스포르트

돈 자랑, 권력 자랑이 얼마나 재수 없게 다가오는지 떠올려 보자. 더 많은 재산을 쌓고 더 엄청난 권세를 누린다 해도 소용없다. 내 일상을 따뜻하게 하는 진정한 사랑과 존경은 여기에서 비롯되지 않기 때문이다. 에픽테토스는 이렇게도 말한다.

> 다음의 주장은 말이 되지 않는다. '나는 너보다 더 부자다. 그래서 나는 너보다 더 낫다', '나는 너보다 더 말을 잘한다. 그래서 나는 너보다 더 낫다.' 이런 표현들은 이렇게 고쳐야 한다. '나는 너보다 더 부자다. 그래서 나는 너보다 가진 게 많다', '나는 너보다 말을 잘한다. 그래서 내 말솜씨는 너보다 낫다.' 그렇지만 너는 재산도, 말솜씨도 아니다.

당신이 어떤 사람인지, 좋은 삶을 가꾸고 있는지는 재산이나 권력 따위로 가늠되지 않음을 알려주는 말이다. 그렇다면 어떻게 해야 좋은 삶을 가꿀 수 있을까? 에픽테토스에 따르면, 우주는 우리가 좋은 삶을 가꿀 수 있도록 때마다 시련이라는 '성장 과업'을 던져준다. 그의 말을 좀 더 들어보자.

당신은 아름다운 이를 보고 (이루지 못할 사랑으로) 마음이 괴로운가? 그렇다면 그대는 자신 안에서 자제력을 찾을 것이다. 어찌지 못할 힘든 일이 버거운가? 그대는 자신 안에 있는 인내심을 찾아낼 것이다. 욕이 절로 터져 나오는 상황이 벌어지는가? 그대는 자신 안에 있던 참을성을 발견할 것이다. 이렇게 마음을 다잡는 습관을 들여다보면, 그대 마음 밖의 무엇도 더 이상 그대를 흔들지 못한다.

시련도 갈등도 없는 드라마는 재미도 의미도 없다. 그대에게 쏟아지는 온갖 어려움과 고통 덕분에 그대의 인생은 생생하게 살아난다. 그렇기에 중년인 당신은 끊임없이 스스로에게 물어야 한다.

'맞닥뜨린 버거움 앞에서 내가 보여야 할 바람직한 태도는 무엇일까? 내가 의연하고 좋은 사람이라면 나는 이제 어떻게 처신해야 할까?'

인생은 점점 더 어려워지는 게임이다

에픽테토스는 "세상이 내가 바라는 대로 굴러가기를

원하지 말고, 마땅히 가야 할 방향대로 굴러가기를 바라라"라고 힘주어 말한다. 헛된 희망은 도리어 절망을 부를 뿐이다. 인생은 나이 들수록 난도가 높아지는 게임과 같다. 이겨내야 할 고난은 앞으로 점점 더 자주, 더 센 수준으로 다가올 테다. 이를 이겨내는 가운데, 강하고 고결한 영혼으로 거듭나야 한다. 그러면서 내 삶도 훨씬 다채롭고 깊어질 것이다.

에픽테토스의 말대로 사는 이들은 현실에서 존경받는다. 부도난 회사를 책임진 대표를 예로 들어보자. 온갖 비난을 무릅쓰면서도 피해를 줄이기 위해, 마지막 직원 한 명까지도 최대한 배려하기 위해 애쓰는 모습은 숭고하고 아름답다. 망할 운명의 나라를 살리기 위해 목숨 바쳤던 독립투사들은 또 어떤가. 그들에게 약속된 밝은 미래는 없었다. 그래도 이들은 마땅히 해야 할 일을 하면서 고결하고 가치 있게 자기 삶을 이끌었다.

자기의 잇속만 챙기며 약빠르게 산 대표와 변절해 부귀영화를 누린 자들이 부러움을 살 수는 있다. 그렇지만 그들은 평생, 아니, 영원히 자기들에게 쏟아지는 멸시와 경멸을 피하기 어렵다. 고난과 고통은 내 삶을 고귀하고 우러름 받는 인생으로 거듭나게 하는 기회다. 그대가 버티고 있는 힘든 일상도 그러하다.

자유인이 되는 단 하나의 길

모든 일에는 결국 끝이 있다. 그대에게 주어진 성장 과업은 이제 돈도, 명예도, 권력도 아니다. 에픽테토스는 노예였지만 누구보다도 자유로운 삶을 살았다. 그는 언제나 '아파테이아aphateia'를 좇았다. 이는 마음이 흔들리지 않고 언제나 고요한 상태를 일컫는다. 진정 강하고 위대한 사람은 어떤 시련과 위기 앞에서도 담담하고 평온하다.

> 명예를 누리거나 큰 권력을 떨치거나 높은 평판을 지닌 이들을 보며 그들이 행복하리라 지레짐작하지 마라. 좋은 삶의 본질은 (외적인 무엇이 아닌) 우리 자신에게 달려 있다. 이를 깨달았다면 시기나 질투에 휩싸일 일은 없다. 장군, 원로 의원, 권력자가 되기를 원하지 마라. 다만 자유인이 되기를 바라라. 자유인으로 거듭나는 단 하나의 길이 있다. 그대가 노력으로 어쩌지 못할 일들에 대한 마음 씀

을 내려놓는 일이다.

에픽테토스의 이처럼 따뜻한 가르침은 『엔케리디온』에 담겨 있다. 이는 '핸드북'이라는 뜻이다. 말 그대로, 일상의 괴로움을 이겨낼 생생한 가르침을 담은 소책자다. 늘 가까이 두고 마음 괴로운 순간마다 책장을 넘겨보자. 오늘을 꿋꿋하게 버티며 자유인으로 다시 태어나는 과정에 힘이 될 테다.

나를 하찮게 대하며 벼랑 끝으로 내모는 상황을 내가 어찌지는 못한다. 그렇지만 이를 모욕으로 느낄지, 의연하게 대처하며 부드럽게 이겨낼지는 오롯이 나에게 달렸다. 모든 어려움은 내가 더 좋은 영혼을 갖추도록 주어진 성장 과제일 뿐임을 명심하자.

⌜초연⌟

벌어질 일은 벌어지게 두라

_마르쿠스 아우렐리우스

    오십은 무거운 나이다. 가정을 꾸렸다면, 사춘기 언저리의 자녀와 병들고 늙어가는 부모를 챙겨야 할 테다. 직장 안에서도 직원들을 이끌며 실무 책임을 짊어져야 한다. 집에서도, 일터에서도 한없는 의무들이 어깨를 짓누른다. 그런데 몸과 마음은 뜻대로 되지 않는다. 갱년기를 지나며 체력은 예전 같지 않고, 마음도 여리고 약해진다. 그래서 벌어지는 상황이 늘 버겁다. 한편으로는 새로운 세대가 내 자리를 노리며 치고 올라오고 있다. 능력 없고 지친 가장인 나에게 쏟아지는 하소연과 원망에 가슴이 움츠러들기도 한다. 책임은 한없이 무겁고 미래는 답답하다.

힘들고 버거울 때는 비슷한 상황을 겪는 동년배만큼 좋은 벗이 없다. 오십에 이르러서야 플라톤『국가』나 공자의 『논어』와 같은 책들이 비로소 다가오는 까닭은 여기에 있다. 『국가』를 쓰던 시기의 플라톤의 나이는 오십 줄이었다. 『논어』 역시 공자가 오십 이후 세상에서 밀려나 제자들에게 펼쳤던 지혜를 담고 있다. 오십 대의 삶은 젊은 시절에 일군 정점을 지난 상태다. 이대로 인생이 스러질지, '성숙과 지혜로움'이라는 인생 후반부 성장으로 이어질지 하는 갈림길에 선 셈이다. 이런 중년들에게 오십 줄에 써 내려간 현자들의 책은 지혜를 안긴다.

급할수록 쉬어가는 현명함

로마의 황제였던 마르쿠스 아우렐리우스 역시 중년의 위기를 넘어서게 이끌어주는 '영혼의 인도자'라고 할 만하다. 그의 오십 대 역시 신산스럽기는 마찬가지였다. 마르코만니족이 로마의 군단을 순식간에 무너뜨려 황제가 직접 나설 수밖에 없는 상황이었고, 독서와 명상을 좋아하던 철학자 황제는 갑옷을 갖추고 전장으로 향했다. 이미 수도 로마에서도 재정이 결딴난 나라를 수습하느라 그에게는 휴식을 누릴 틈도, 사색에만 빠져 있을 여유도 없었다. 무거운 의무로 일상이 사라진 여느 중년의 상황과 다르지 않았던 셈이다.

전투 경험이 없는 그는 수많은 군단병을 움직여야 했다. 부담과 두려움이 가득할 법한 현실에서, 오십 줄에 접어드는 초보 사령관 황제는 어떻게 처신했을까. 그는 『명상록』에서 담담히 말한다.

"너의 마음을 괴롭히는 어떤 일에 부딪히면 이를 불행으로 여기지 마라. 이를 슬기롭게 견뎌내는 것을 행복으로 여겨라."

유능한 축구 감독은 선수들이 상대 흐름에 말려들어 당황할 때 작전 타임을 외친다. 선수들이 호흡을 가다듬으며 냉철하게 경기를 풀어나가게 하기 위해서다. 아우렐리우스 또한 잘린 손발과 머리가 가득한 전쟁터에서도 시간을 내어 자기 마음을 추스를 줄 알았다.

"자주 철학으로 돌아가 휴식하라."

이 또한 『명상록』에 나오는 명언이다. 젊은 혈기는 이성을 놓아버리게 한다. 분위기에 예민하게 휩쓸린다는 뜻이다. 반면 지혜로운 중년은 꿈틀거리는 감정을 다독이며 한 박자 천천히 간다. 그리고 차분하게 어떻게 처신해야 할지를 하나하나 짚어보곤 한다. 이런 태도가 아우렐리우스가 말하는 '철학으로 하는 휴식'이다.

뛰어난 궁수는 화살을 쏘는 데 온 정신을 모은다. 그러나 일단 시위를 떠난 화살에 대해서는 마음을 내려놓는다. 과녁에 맞을지 아닐지는 이제 자신에게 달려 있지 않은 탓이다. 결과에 신경 쓰다간 감정이 흔들려 활쏘기가 엉망이 될 수도 있다. 아우렐리우스를 비롯한 스토아 철학자들이 위기에 대처하는 방식도 이와 같았다.

"해야 할 일을 하되, 벌어질 일은 벌어지게 두라."

아우렐리우스는 최선을 다해 유능한 사령관이 할 만한 일을 했다. 하지만 전쟁의 결과가 어떻게 될지에 대해서는 무심했다. 그는 이렇게 읊조렸을 듯싶다.

"나는 마르코만니 부족을 이기고 로마를 지키리라. 운명의 여신이 허락하신다면."

최선을 다해 마땅하게 일을 하되, 결과에 대해서는 초연해지자. 이 문장에는 아우렐리우스의 처세 방법이 오롯이 담겨 있다.

내 삶이 한 편의 비극이라면

조직이 잘나갈 때 경영자는 우러름을 받는다. 그러나 실적이 실력에서만 난다는 법은 없다. 우연과 상황이 성공을 만들어주기도 하지 않던가. 행운이 다해 그이의 운명이 나락으로 떨어질 때, 세상은 그를 비웃고 욕한다. 반면 망해가는 가운데서도 의연하게 할 일을 하며 버티는 경영자는 어떨까. 결과와 상관없이 그는 존경받으며 세월이 흘러도 평가는 좀처럼 바뀌지 않는다. 아우렐리우스는 이렇게 말한다.

"만약 헤라클레스가 자기 집에 눌러앉아 호화롭게 살면서 잠이나 편안하게 자고 있었다면 그는 헤라클레스일 수 없었다."

고통의 운명이 기다리고 있어도 담대하게 맞서라는 뜻이다. 약하고 늙은 초보 사령관을 어느 젊은 경쟁자는 '노파 철학자'라고 대놓고 빈정거렸다. 그래도 아우렐리우스는 개의치 않았다. 자신에게 주어진 역할에 맞게 할 일을 하는 데 신경 쓸 뿐이었다. 젊음은 치기에 휘둘리며 모욕감에 치를 떤다. 그러나 지천명의 경지에 다다른 중년은 하늘의 뜻에 귀 기울일 따름이다.

고통스러운 운명에 마주했을 때

젊음은 치기에 휘둘리며 모욕감에 치를 떤다.

그러나 지천명의 경지에 다다른 중년은

하늘의 뜻에 귀 기울인다.

「메인주의 마운트 데저트섬」, 저비스 매켄티

내 삶이 우주가 연출하는 한 편의 비극과 같다면, 주인공으로서 나는 어떻게 해야 영웅다울 수 있을까. 고통의 기나긴 터널을 지날 때 스토아 철학자들은 항상 이 물음을 가슴에 품었다. 아우렐리우스도 그랬다. 죽음도, 전쟁의 승패도 그의 마음을 흔들지 못했다. 아우렐리우스는 '지금 이 순간'의 자기 역할에만 오롯이 충실할 뿐이었다. 결과가 잘못되어도 어쩔 수 없다. 인간이 할 수 있는 일은 최선을 다하는 것뿐이다.

아우렐리우스는 이후로도 긴 세월 동안 전쟁터를 떠돌아야 했다. 그는 대표작 『명상록』을 최전방 막사에서 썼다. 이는 누구에게 보여주기 위한 글이 아니었다. 바쁜 일과 틈틈이 시간을 내어 마음을 고르기 위해 자신에게 쓰는 편지와도 같았다. 그는 자신이 불안과 슬픔에 휘둘리도록 내버려두지 않았다.

마음이 흔들린다면 스스로를 다잡기 위해 작전 타임을 외쳐야 한다. '차 한 잔의 여유'는 그래서 필요하다. 사색을 즐겼던 아우렐리우스는 평생 한적한 이탈리아의 시골에서 살기를 바랐다. 하지만 안타깝게도, 시대는 그에게 한갓진 생활을 허락하지 않았다. 그래도 아우렐리우스는 무너지지 않았다. 굳건히 '내면의 성채'를 쌓고 틈틈이 그곳으로 들어가 명상하며 영혼을 다시 북돋웠던 덕분이다.

인생 선배들에게 배우는 교훈

아우렐리우스도 태어날 때부터 차분하고 책임감 넘치는 사람은 아니었다. 기록에 따르면 그 또한 젊은 시절 사냥과 스포츠를 즐기며 친구들과 어리석은 장난에 빠지기도 했던 듯싶다. 오십에 다다른 그의 현명한 모습은 끊임없는 자기 수련의 결과였다. 『명상록』 1권에는 아우렐리우스에게 가르침을 주었던 인물들이 빼곡히 등장한다. 이를 통해 우리는 그가 어떤 식으로 좋은 삶의 기술을 익혔는지 짐작할 수 있다.

어찌해야 할지 모르겠을 때, 불안과 공포가 마음을 움켜쥘 때, 아우렐리우스는 이렇게 물었을 듯하다.

'나의 아버지 안토니누스 피우스 황제께서는 이럴 때 어떻게 하셨을까?'

'철학자 섹스투스Sextus라면 어떤 충고를 안길까?'

중년에 이르기까지 우리 역시 수많은 사람을 만나고

겪었다. 그 가운데 좋고 훌륭했던 이들, 그렇게 해서는 절대 안 되는 인물들을 떠올려 보자. 지금 상태를 다른 사람이라면 어떻게 헤쳐갈까. 나이 들수록 내 나이 때 부모님이 어땠을지 자꾸만 생각나는 데는 이유가 있다. 인생 선배들의 삶은 언제나 내가 어떻게 처신해야 할지를 알려주는 길잡이가 되기 때문이다.

나아가 스토아 철학자들은 이렇게 가르친다. 죽음은 좋지도 나쁘지도 않다. 이는 모든 삶이 맞아야 하는 과정일 뿐이다. 그래도 죽음을 의연하게 훌륭하게 맞이하는 삶과 비참하고 부끄럽게 최후를 맞는 삶은 다르다. 이 둘의 차이는 고난을 대하는 나의 태도에 달려 있다. 재산과 명예는 어쩌지 못해도, 내 인생이 좋은 생인지 아닌지 하는 선택은 여전히 나에게 달려 있다.

3 ○ 가을

성숙이라는 이름의 성장

남보다 많이 거둬들이고 싶은 욕심은
다른 사람을 경쟁자로 보게 만든다.
여기에는 늘 시기, 질투, 분노의 감정이 뒤따른다.

하지만 풍요로운 내면에 집중하다 보면
사람들이 인생이라는 여정의 동반자로 보인다.
깊은 이해와 공감으로 마음이 따뜻해지고
슬픔과 고통을 다독이는 능력도 자라난다.

내 인생의 열매가 어떤 모습일지 궁금하다면
일상 속 내 얼굴을 들여다보자.
삶은 당신의 표정을 닮아간다.

「가을 솔새」, 로버트 하벨 주니어, 존 제임스 오듀본

| 고 |
| 요 |

자연을 닮아가는 삶

_알랭 드 보통

평생을 투사같이 살았던 철학자 장자크 루소Jean-Jacques Rousseau는 늘그막에 꽃과 자연을 무척 사랑했다. 꽃향기를 맡는 루소를 담은 그림에서는 잔잔함과 평화가 느껴진다. 우리도 다르지 않다. 예쁜 꽃을 보면 어느덧 카메라 앱을 켜게 되고, 주변에 '반려 식물'도 하나둘씩 늘어나지 않던가. 나이 들수록 자연에, 식물에 마음이 끌리는 법이다.

스위스 출신의 철학자 알랭 드 보통Allain de Botton은 그 이유를 설명해 준다. 자연은 우리에게 관심이 없고 그 무엇도 평가하지 않는다. 내가 부자이건 가난하건, 지위가 높건 범법자건 상관하지 않는다. 공원 연못의 청둥오리는 내가 주는 먹이를 맛있게 받아먹을 뿐이다. 세상이 뒤집히는 일이 있어도 꽃은 피고 진다. 언제나 차분하고 한결같으며, 계절에 따라 마땅하게 변해갈 따름이다.

인생의 가을을 맞이하는 자세

인간 두뇌는 변온동물과 같아서 주변의 분위기가 달뜨면 같이 흥분하고, 차분해지면 같이 가라앉는다. 그래서 온갖 걱정으로 가득할 때 자연의 담담한 모습은 차분한 위안을 준다. 마음이 산란할수록, 근심으로 뒤척이는 밤이 늘어날수록 자연에 더 많이 끌리는 이유다.

돌이켜 보면 젊었을 때도 지금처럼 겁과 두려움이 많았다. 하지만 그때는 자연보다는 친구가, 근심을 잊게 하는 신나는 활동들이 더 좋았다. 그런데 왜 지금은 변함없는 자연이 오히려 더 좋을까? 그 이유는 인생의 성장 목표가 달라졌다는 데 있다.

젊었을 때는 막연히 '청년기가 인생의 정점, 중년기는 쇠퇴, 노년기는 몰락의 시기'라고 여겼다. 그러나 인생의 반환점을 돌면, 그동안 보이지 않았던 삶의 언덕 뒤편 풍경을 보게 된다. 직접 겪어보면 중년은 약해져서 밀려 사라지는 시기가 아니다. 무르익으며 삶의 의미를 찾는 성숙기일 뿐이다. 이 고비를 잘 넘기면 노년은 인생의 완성기로 거듭난다. 그래서 또다시 '좋은 노년'이라는 목표를 품고 인생의 길을 계속 걷게 된다.

계절은 봄, 여름, 가을, 겨울로 변해간다. 인생 또한 유년기, 청년기, 중년기, 노년기로 흘러간다. 가을은 여름보다 못하지 않다. 각각의 시기에는 나름의 매력이 있다. 계절은 결코 가을에서 여름으로 돌아가는 법이 없다. 마찬가지로 중년에는 청년기로 되돌아가려 하거나, 그 시기를 그리워하고만 있어서는 안 된다. 인생의 완성기인 노년을 맞기 위해 '성숙'이라는 과제를 이루어야 한다. 대자연의 변화처럼, 이제는 순리대로 인생의 가을을 잘 가꾸어야 함을 마음으로 받아들여야 한다는 뜻이다.

귀를 닫아야 하는 이유

그렇다면 성숙을 이루려면 어떻게 해야 할까? 알랭

드 보통이라면 무엇보다 "귀를 막아라. 하다못해 적게 들어라"라고 조언할 듯싶다. 근대화 이전에 서구의 사람들은 아침마다 기도를 올렸다. 그런데 그에 따르면, 이제는 뉴스가 아침기도 시간을 대신해 버렸다. 눈 뜨자마자 세상의 온갖 소식으로 마음이 휘둘리게 되었다는 의미다. 알랭 드 보통은 뜨끈뜨끈한 소식을 매 순간 듣는 일은 "매일 자발적으로 공포의 강물에 몸을 적시는 것과 마찬가지"라고 한숨을 쉰다. 그의 말을 직접 들어보자.

> 신문은 대부분 사람이 친절하다는 사실을, 기차는 대부분 목적지에 도착한다는 사실을, 정부에서도 감동적이고 훌륭한 일이 벌어진다는 사실을, 대부분의 날들은 조용히 별일 없이 지나간다는 사실을 잊어버리게 만들었다. (중략) 그리하여 매일 뉴스를 접할 방법은 없었지만 자신의 감각적인 경험을 통해 현실을 그려낼 줄 알았던 중세 시대의 문맹 농부보다도 (자신의 진짜 삶에 대해) 더 아는 게 적은 상태가 되었다.[2]

뉴스만 보면 세상의 종말은 이제 멀지 않은 듯하다. 끔찍한 사건 사고가 끊이지 않으며, 정치는 엉망이고 세

우리가 자연에 끌리는 이유는
차분하고 한결같기 때문이다.
성숙을 위해선 세상일에 거리를 두고
본질을 차분히 되짚는 태도가 절실하다.

「가을, 허드슨강에서」, 재스퍼 프랜시스 크롭시

계 정세 또한 심상찮다. 그러나 이런 현실을 바꾸기 위해 내가 할 수 있는 일은 없다. 내 생각을 듣겠다고 정치 지도자가 나를 찾아올 일은 아마도 없으며, 나의 판단대로 정부가 정책을 만들 일도 없다. 가슴은 울분과 걱정으로 가득하며, 일상은 회색빛으로 물든다. 이런 상태로는 오롯이 생활의 중심을 잡기가 쉽지 않다. 그래서 알랭 드 보통은 말한다.

"우리에게 정말로 필요한 소식은 용서하고, 반성하고, 음미하고, 감사하고, 고요하고, 친절해야 하는 이유를 말해주는 뉴스다."

인간 두뇌는 변온동물과 같다고 했다. 소란스럽지만 내가 어찌지 못하는 세상 소식을 멀리하자. 그래야 별문제 없이 오늘도 굴러가는 소소한 일상들이 비로소 눈에 들어올 테다. 그리고 별 소득 없이 흥분하는 일에서 벗어나 차분히 나의 생활을 제대로 추스를 수 있다.

본질을 읽는 고요함의 힘

그렇지만 알랭 드 보통의 말을 정치나 사회 활동에

관심을 끊으라는 의미로 받아들여서는 안 된다. 일찍이 세네카Seneca는 "화냄이란 일시적 광기"라고 했다. 제대로 된 판단을 위해서는 끓어오르는 감정부터 다스려야 한다. 벌어진 일에서 거리를 두고 찬찬히 생각을 모을 때 비로소 지혜로운 해법이 열린다.

중년은 끓는 혈기가 식으며 지혜가 영그는 나이이다. 식어가는 감정을 다시 덥히려고 자극을 찾기보다는, 오히려 거리를 두고 세상일의 본질을 차분히 되짚게 하는 고요함이 절실하다. 수많은 현자가 경력의 정점을 지난 다음 왜 초야에 묻히려 했는지를 곱씹어 보자.

이를 위해서 해야 할 일은 무엇일까? 무엇보다 숱한 세상 소식, 강렬한 자극으로부터 멀어지려는 노력이 절실하다. MSG에 길든 혀는 건강하고 담백한 음식의 맛을 좀처럼 느끼지 못한다. 정신을 건강하게 가꾸는 일도 그렇다. 시급한 현안이 곧 중요한 문제는 아니다. 나이 듦은 다급한 현실에서 벗어나게 한다. 문제 해결을 위해 나를 급하게 찾는 이들이 이제 드물지 않은가. 그러니 세상 사람들과 덩달아 흥분하지 말고 거리를 두자. 늘 온전한 판단을 이끌도록 차분한 상태에 있어야 한다.

알랭 드 보통에 따르면, "불면증은 낮에 풀지 못하고

지나갔던 온갖 생각들이 마음에 가하는 복수이며, 불안이란 우리가 소홀히 대했던 감수성에 깊이 주의를 기울이라는 권고"다. 예전에 비키니섬에서 핵실험을 했던 사람들은 방사능의 해로움을 제대로 알지 못했다. 마찬가지로 우리는 시끌벅적한 상황에서 떠들썩하게 보내는 시간이 얼마나 마음을 심란하게 하는지를 놓치곤 한다. 대부분 유년기에는 온갖 자극이 화려하게 펼쳐지는 세상의 중심으로 나아가기를 바란다. 그러나 이제는 조용함과 차분함에 익숙해져야 한다.

마치 자연처럼 한결같기를

알랭 드 보통의 말에 다시 귀를 기울여 보자.

비싼 도심지 밖에 거주하며, 물질적 필요와 지적인 호기심을 만족시키고자 일하지만 미친 듯한 열정이나 정서적인 갈망은 없으며, 가끔 뉴스를 확인하고, 멀리 여행하는 일이 거의 없으며, 저녁에는 대부분 외출하지 않고, 소수의 친구하고만 연락하며, 자연에서 많은 시간을 보내고, 운동은 산책으로 충분하고, 식사는 주로 과일과 야채로 간단히 하고, 비싼 물건을 좀체 사지 않으며, (중략) 밤 10시에는 잠자리에 들기 위해 노력하는 삶.[3]

중년 다음의 인생 진도는 노년이다. 중년은 세상의 중심으로 나가기 위해 준비하는 시기가 아니다. 그렇다면 이제는 조용하고 한갓진 주변부의 생활에 익숙해져야 한다. 하지만 이런 노력이 세상에서 자발적으로 밀려나야 한다는 의미는 결코 아니다.

우리가 자연에 끌리는 이유는 세상일이 어떻건 한결같기 때문이다. 사람 사이에서도 마찬가지다. 젊은 시절, 심란할 때 어떤 선배들에게 기대고 싶었는지 떠올려 보자. 우리가 꽃과 식물에 매료되듯, 젊었던 우리 영혼은 지혜롭게 나이 든 이들에게 절로 끌리곤 했다. 인자한 표정, 한결같이 평온한 감정 상태, 내가 어떤 상황에 있건 차분하게 끝까지 나의 말을 들어주며 말없이 고개를 끄덕여 주던 모습은 그 자체로 인생의 가을에 걸맞은 '지혜'다. 자연에 이끌리는 마음은 이제 우리가 어디로 나아가야 하는지를 가르쳐준다.

(의지) 꿈이 있는 한, 삶은 여전히 뜨겁다

_파스칼 브뤼크네르

"동안童顔이세요"라는 말은 칭찬으로 들린다. 이 말을 들은 사람의 표정도 밝아진다. 한 세기 전만 해도 이렇지 않았다. 젊음은 핸디캡에 가까웠다. 사회생활에는 경험과 완숙함이 필요하지 않던가. 그래서 사람들은 나이 먹어 보이려 애썼다. 수염을 기르거나 어른스러운 말투를 썼으며, 조신하게 정장을 갖춰 입기도 했다. 슈테판 스파이크의 『어제의 세계』에 나오는 이야기다.

하지만 젊음은 이제 우리 시대의 주류다. 아이처럼 살려는 어른, '키덜트Kidult(아이Kid와 성인Adult의 합성어)'가 좀 많은가. 프랑스의 작가이자 철학자인 파스칼 브뤼크네르Pascal Bruckner에 따르면, 젊은이 중심으로 돌아가는 지금의 문화는 중년들이 만든 '업보'다. 이들이 앳되었던 시절을 생각해 보자. 프랑스를 청춘 사회로 이끌었던 68혁명 세대는 인구가 많았다. 우리나라에서는 1971년생 무렵의 출생자가 가장 많다. 그들이 지금의 오십 대다. 젊을 때 그들은 나이 든 이들을 밀려나야 할 과거의 사람이라 여겼다. 그러곤 자신들의 젊음을 문화의 중심으로 이끌었다.

브뤼크네르에 따르면, 지금의 중년들은 '한창 시절 젊음을 재창조한 세대'다. 그 이후로 평균 수명은 크게 늘어났다. 이제 오십은 젊지도 늙지도 않은 나이다. 그렇다면 이들이야말로 늘어난 인생 진도표에 맞게 '노년을 재창조할 운명의 사람들' 아닐까? 인구 구조로 볼 때도 오십 대의 숫자가 가장 많으니, 사회의 주류가 되기에도 충분하다.

그렇다면 이제 무엇을 해야 할까. 내 상태부터 들여다볼 일이다. 지금의 나는 내 몸의 주인이 아니다. 결림과 통증을 보듬지 않고 밀어붙일 때, 몸 상태는 확실하게 내 일상에 보복을 한다. 그래서 중년은 꾸준하게 되묻게 된다.

"이제 모든 것이 가능하지는 않다. 그렇다면 나는 무엇을 바라도 될까? 나는 이제 무엇을 더 알 수 있을까?"

이는 일찍이 칸트가 품었던 철학 물음이다. 브뤼크네르가 우리는 단지 늙어가는 것만으로도 자신 인생의 철학자가 된다고 말하는 이유다. 오십 이후의 삶을 꾸리기 위해 우리는 이에 대한 답을 찾아야 한다.

인생은 모든 순간이 도입부다

어릴 때 우리 눈에 오십 언저리의 사람들은 그냥 '어른'으로만 보였다. 그들은 '우리'처럼 욕망에 휩쓸리거나 불안에 파묻히지 않을 듯싶었다. 하지만 오십 무렵에 다다른 이들은 이런 생각이 선입견이었음을 절절히 깨닫는다. 브뤼크네르는 이렇게 말한다.

> 오십, 육십, 칠십 세에도 우리가 살아가는 이유는 무엇인가? 이십 세, 삼십 세, 사십 세 때와 똑같다. (중략) 어느 나이에나 삶은 열의와 피로의 싸움이다.[4]

인생은 모든 순간이 도입부다. 우리가 눈을 뜨고 맞이하는 하루는 언제나 앞으로 살아갈 인생의 첫날이다. 하루의 흐름은 인생 전체와 닮았다. 눈부신 새벽에서 의기양양한 정오로, 다시 수고로운 오후와 차분한 황혼으로 시간은 거듭된다. 떠올랐다 가라앉는 삶의 모든 단계가 매일 반복되는 셈이다. 이 점은 중년에 이르러서도 달라지지 않는다.

우리는 1년에 365번이나 새롭게 인생을 출발한다. 힘든 날도 결국 지나간다. 중년이 지나간 세월을 보며 회한에 젖거나 왕년을 그리워하며 보내야 할 이유는 전혀 없다. 100세 노인의 삶도 계속 계획을 세우고 내일을 꿈꾸는 한, 스무 살과 차이가 없다. 꿈을 품고 있는 한 삶은 여전히 뜨겁다.

젊은 날의 나를 넘어설 기회

물론 삶의 형식이 굳어지기도 한다. 너무 익숙하기에 바꾸고 싶지 않은 삶의 방식들이 자리 잡는다. 강한 정신력을 지닌 이들도 나이 들면서 우울함에 빠져드는 이유가 여기에 있지 않을까?

모든 나날은 여전히 새롭다. 그렇지만 이제 모든 것이 가능하지는 않다. 젊었을 때와 같은 삶의 루틴을 고집하다간 마음도 몸도 부서지기 쉬울 테다. 그렇기에 이제는 달라져야 한다. 젊은 날의 자기를 넘어설 기회다. 이를 위해 우리는 무엇을 어떻게 해야 할까.

브뤼크네르는 '바깥의 원칙'을 들려준다. 신의 부름(종교), 육체의 부름(에로티시즘), 다른 대륙의 부름(여행)은 여전히 가슴을 살랑거리게 한다. 이에 대한 욕망은 누구에게나 평등하다. 삶은 우리에게 모든 시기에 자신의 한계를 넘어 다른 사람이 될 기회를 던져주는 셈이다. 그렇기에 나는 "이미 늦었어"라고 고개를 떨어뜨려서는 안 된다. 자기 욕망에 솔직하며 흔들림 없이 자기를 시험하며 계속 나아가자.

"자기를 실현하는 삶이란 사람을 약하게 만드는 휴식이 아니라 강하게 만드는 단련에 있다."

브뤼크네르가 힘주어 하는 말이다. 그러니 스스로를 매력적이고 더 나은 사람으로 만들기 위해 일상을 꾸준히 가꾸자.

하루의 흐름은 인생 전체와 닮았다.
눈부신 새벽에서 의기양양한 정오로,
다시 수고로운 오후와 차분한 황혼으로 나아간다.
그리고 우리는, 매일 새로운 아침을 맞이한다.

「광야의 황혼」, 프레더릭 에드윈 처치

핸디캡으로 빛나는 인생 서사

하지만 브뤼크네르의 격려는 다소 막막하게 다가온다. 우리에게 어떻게 젊음을 누려야 할지, 인생의 커리어를 성공적으로 가꾸려면 어찌해야 할지를 일러주는 현자는 많았다. 그렇지만 오십 이후를 어떻게 가꾸어야 할지를 알려주는 지혜는 턱없이 적다. 예전에 오십 대는 노인이었지만 지금은 늙지도 젊지도 않은 시기다. 일터에서 중심이 되기에는 나이가 많고, 은퇴하기에는 너무 생생하다. 앞으로 30년도 넘게 펄펄한 세월이 남아 있다. 나는 누구처럼, 어떻게 인생 후반부를 꾸리란 말인가.

브뤼크네르도 이런 고민에 깊이 공감하는 듯싶다. 그도 "연약함과 권태밖에 보이지 않는 노년이라는 척박한 공간에서 (중략) 모범이 되는 사람은 철학의 모든 원리와 맞먹을 만큼 귀하다"라며 한숨을 쉰다. 그러나 희망은 있다. 지금의 오십 대는 완숙함을 밀어내고 젊음을 문화의 표준으로 만들었던 경험이 있는 세대다. 길어진 수명에 맞게 오십 대의 매력 또한 충분히 키워낼 수 있다.

과거에 젊음은 핸디캡이었다. 미숙함과 고삐 잡히지 않은 열정은 청춘이 떨치지 못하는 그림자인 탓이다. 중년에도 핸디캡이 있다. 일상의 생기와 행복이 점점 "자신의 창자, 기관지, 관절에 좌우되는 상황"이 많아진다. 그러나 약해지는 몸에 단점만 있지는 않다. 서투름과 길들지 않은 열의가 되레 젊음의 특권이자 매력이 되었듯, 중년에 이르러 뚜렷해지는 나약함도 장점이 되기도 한다. 플라톤은 "눈의 시력이 약해질 때야 비로소 정신의 혜안은 예리해진다"라고 했다. 약해지는 육체를 통해 겸손의 지혜를 익히는 셈이다. 약점을 통해 새로운 인생의 서사를 가꿀 수 있다.

자기 역량과 화해하다

브뤼크네르는 이렇게 묻는다. 도스토옙스키에게 뇌전증이 없었다면, 프루스트가 천식을 앓지 않았다면, 루소나 카프카가 우울에 시달리지 않았다면, 과연 그들의 예술은 어떻게 되었을까.

그들은 "각자의 병을 예술적 영감의 전주곡 수준까지 끌어올렸다." 우리도 충분히 그럴 수 있다. 인류 역사에는 내리막길을 오르막길처럼 가는 자들이 있다. 비극의 주인공에게는 영웅의 아름다움이 풍긴다. 나에게 달리는 핸디캡들은 오히려 나의 삶을 빛내는 계기가 된다.

브뤼크네르에 따르면, 오십에 다다른 우리는 축복받은 사람들이다. 전성기는 아직 지나지 않았다. 완전히 성공한 인생은 되레 불행하다. 그이에게는 과거를 곱씹는 일밖에 남지 않았기 때문이다. 그러니 이제 성공의 의미를 달리 잡아야 한다.

우리에게 필요한 것은 "현실과의 화해가 아니라 자기 역량과의 화해"다. 과거의 성취에 매달리기보다 젊을 때와 다른 결의 삶을 가꾸어야 한다는 의미다. 브뤼크네르의 말처럼 "평범한 일상에도 아름다움, 형제애, 선한 의도와 만나기 마련이다." 높이 올라가지 않아도 삶을 아름답고 보람차게 할 방법은 많다. 그러니 과거의 자기로 돌아가려 하지 말고 미래로 나아가자. 이른 새벽, 설레는 기분으로 아침을 기다린 것처럼 해 질 녘 저녁을 환대하자.

"황혼은 새벽을 닮아야 한다."

| 성실 |

실패할지라도,
좋은 사람이 되려 노력하라

_공자

  공자孔子의 오십 대는 좌절의 연속이었다. 그는 벼슬길이 번번이 막혔다. 주변의 경계와 시기 탓이었다. 나이 오십 줄에 이르러서야, 마침내 조국 노나라 도읍의 장관 자리에 올랐다. 공자는 능력이 출중했다. 임용된 지 1년 만에 주변 나라들이 모두 그의 다스림을 본받을 정도였다. 고속 승진을 거듭한 그는 사공司空이 되었다가, 다시 대사구大司寇로, 마침내 노나라 재상의 자리까지 올랐다. 공자의 나이 56세 때의 일이다.

  그가 다스린 지 3개월 만에 노나라에서는 바가지를

씌우던 상인이 사라졌다. 치안도 안정되었고, 나라 밖으로 나가는 물자를 관리들이 허가할 필요가 없어졌다. 그만큼 나라의 형편이 좋아졌다는 뜻이다. 하지만 공자 인생의 꽃길은 오래가지 못했다. 이웃 나라에서 그를 끌어내리기 위해 정치공작을 펼친 탓이었다. 공자는 허망하게 관직을 내려놓았다. 그러곤 무려 14년 동안 자기의 뜻을 펼칠 만한 나라를 찾아 천하를 떠돌았다. 하지만 어떤 곳에서도 그는 뿌리를 내리지 못했다.

패배를 통해 배우는 사람

"어떤 곳이라도 좋다. 내게 정치를 맡겨준다면 1년 동안 나라의 기초를 놓고, 3년 만에 국가를 훌륭하게 만들 수 있다."

위나라에서 내뱉은 공자의 한탄이다. 자신을 몰라주는 세상에 조급해하는 중년 남자의 조급함이 느껴진다. 68세에 이르러서야, 마침내 그는 마음을 내려놓고 고향 노나라로 돌아온다. 그리고 남은 생애를 제자들을 가르치며 보냈다. 『논어』에서 공자는 이렇게 말한다.

나는 열다섯에 학문에 뜻을 두었다[지우학志于學]. 서른에 삶을 오롯이 세웠으며[이립而立], 마흔 살에 이르러 미혹됨이 없어졌다[불혹不惑]. 쉰에 천명을 깨달았고[지천명知天命], 예순에는 무슨 말을 들어도 화가 나지 않게 되었으며[이순耳順], 일흔에 이르자 마음 내키는 대로 해도 경우에서 벗어나는 일이 사라졌다[종심소욕불유구從心所欲不踰矩].

칠십에 이른 공자가 스스로 정리한 자신의 한평생이다. 경력으로만 보자면 성공보다 실패한 삶에 가까워 보인다. 하지만 그에게서 실패자의 후회나 아쉬움은 느껴지지 않는다. 부단히 성장하며 무르익은 '좋은 삶'으로 다가올 뿐이다.

인생 전반부는 우리가 잘 살았다고 여기는 표준적인 인생 진도표 그 자체다. 십 대 때 열심히 공부했고, 서른 살에 삶의 터전을 닦았으며 자기 분야에서 우뚝 서기 위해 잘 버텨내지 않았던가. 그렇다면 오십 이후에는 당연히 '입신양명立身揚名'에 다다라야 했을 텐데 그러지 못했다. 그러나 오십 대에 접어든 이들은 안다. 세상사는 나만 열심히 한다고 잘되지 않는다. 아무리 아등바등해도

삶에서 꺾임과 좌절은 누구에게나 있다.
그 또한 하늘의 뜻임을 받아들이고
흔들림 없이 성실하게 살아가다 보면
그 자체로 멋진 풍경이 된다.

「암석 풍경」, 가와나베 교사이

스러져 버리는 경우가 훨씬 많다. 이런 현실에 좌절해서 자기만의 동굴로 들어가 버리는 이들이 한둘이던가. 승진에서 밀려서, 정리해고를 당해서, 사업이 실패해서 주눅 들고 움츠러든 사람이 얼마나 많은가.

공자는 달랐다. 그는 뜻이 꺾이는 과정 또한 '하늘의 뜻'이라며 받아들였을 뿐이다. 사람은 성공을 통해서 배우지 않는다. 패배의 고통을 통해 겸손을 익히고 부족한 점을 다듬으며 좋은 사람으로 거듭난다. 시련을 겪은 뒤 어떤 이는 깊은 이해심과 포용력을 갖춘 인격으로 나아간다. 반면 어떤 자들은 상처를 곱씹어 성품이 더욱 강퍅하고 거칠게 굳어진다. 삶에서 꺾임과 좌절은 누구에게나 있다. 이를 트라우마로 아파하기만 하느냐, 성장통으로 여기며 삶을 아름답게 가꾸느냐가 인생 후반부의 삶을 가른다.

이 점에서 공자는 훌륭한 롤모델이 될 만하다. 한계에 부딪힌 공자는 하늘이 허락한 경계가 어디까지인지를 마침내 받아들였다. 그리고 어떤 일에도 좀처럼 화가 나지 않는 경지로, 마침내 마음 내키는 대로 해도 도리에서 벗어나지 않는 수준에까지 나아갔다. 아무리 노력해도 세상사에서 실패할 수 있다. 그러나 누구라도 노력하면 좋은 인품을 갖출 수 있다. 공자는 이를 자기 삶으로 보여주었다.

성실하고 경우 바른 삶

공자는 처음부터 끝까지 한결같았다. 서른다섯에 그는 마침내 제나라 군주의 눈에 들었다. 면담 자리에서 군주가 물었다.

"정치를 어떻게 해야 하오?"

공자가 당당하게 답한다.

"임금이 임금답고, 신하는 신하다우며 어버이는 어버이답고 자식은 자식다우면 됩니다[君君臣臣父父子子]."

당연한 말이다. 그렇지만 그의 시대에는 이 지당한 말이 특별했다. 온갖 꼼수와 편법이 판을 치던 혼란기 아니었던가. 공자는 예법 전문가답게 예의를 갖추며 서로 존중하는 관계를 맺고, 여기에 맞추어 모두가 마땅하고 정당하게 처신한다면 천하가 조화롭게 굴러가리라 믿었다. 실제로 그는 이렇게 세상을 바로잡았다.

자네가 파견되는 지방은 거친 사람들이 많아 다스리기 쉽지 않아. 내 말을 명심하게. 늘 공경하는 태도로 대하시게나. 그러면 난폭한 이들도 반드시 따라올 걸세. 너그럽고 공정한 자세를 지키면 백성들도 당연히 그대를 따를 테고. 이 두 가지로 민심을 다독인다면 자네는 우러름을 받게 될 거야.

관리가 되어 떠나는 제자 자로에게 공자가 해준 충고다. 공자의 처세술도 이와 같았다. 그는 제자에게 이렇게도 말한다.

나의 길은 하나로 꿰어져 있다[一以貫之]. 세상의 흐름에 흔들리지 않고, 나는 지금까지 내가 가야 할 길을 일관되게 걸어왔다. 그 길을 두 글자로 간추리자면 충忠과 서恕다.

'충'은 무엇을 하건 오롯이 최선을 다하는 자세다. '서'란 "내가 바라지 않는 일을 남에게 하지 않는 것[己所不欲勿施於人]"이다. 공자는 평생 '서'를 실천하려 노력했다고 거듭 강조하기까지 한다. 한마디로 그는 '성실하고 경우 바른 사람'이었다. 이런 태도로 사는 이들은 윗사람의 눈에 들기 마련이다. 너무나 존경스럽기에 아랫사람들도 저절로 마음이 끌릴 수밖에 없겠다. 이렇듯 공자에게는 출세하기 위한 처세술과 마음을 바르게 가다듬는 방법이 똑같았다.

군자가 되어가는 나이

안타깝게도 세상은 "악화惡貨가 양화良貨를 구축驅逐한다"라는 그레셤의 법칙이 너무나 잘 통하는 곳이다. 쉽게 말해 질 나쁜 것이 질 좋은 것을 몰아낸다는 뜻이다. 맑고 고운 이와 경쟁하는 자들은 그를 질투하고 시기한다. 사람들의 존경과 사랑이 그이에게 쏠리는 탓이다. 그래서 온갖 뒷말과 험담으로 그를 깎아내린다.

심지어 공자를 쓰고 싶은 군주들까지 그를 경계했다. 다른 신하들의 반발이 저어됐을뿐더러, 공자가 자신보다 더 인정받고 주목받는 현실 또한 마음 편치 않았다. 공자가 오십이 되도록 주요 관직에 오르지 못했던 이유, 절정의 행정 능력을 보이고도 이내 밀려나 오랫동안 세상을 떠돌아야 했던 까닭이다.

공자는 번번이 기회를 놓쳤고 애써 얻은 자리에서도 밀려났다. 어떤 때는 "내 어찌 먹지 못하는 조롱박일 수 있겠는가!"라고 한탄하며 올곧지 못한 자리 제안에 마음이 흔들리기까지 했다. 그렇지만 그는 이 모두를 겪으며 하늘의 뜻을 깨달아갔다. 진정한 지혜는 느낄 것 다 느끼고, 겪어야 할 것을 다 겪으며 자라나는 법이다. 공자도 그랬다.

> 훌륭한 농부가 씨를 잘 뿌렸어도 반드시 좋은 수확을 얻지 못한다. 마찬가지로 군자가 마음을 잘 닦아 세상을 다스릴 규범을 만든다 해도, 세상이 꼭 받아주지는 않는다.
>
> 스승님은 스승님의 길을 가셔야 합니다. 우리가 게을러 길을 닦지 않았다면 창피한 일입니다. 우리가 충분히 노력했는데도 등용되지 않는다면 되레 권력자들이 수치스러워 해야 합니다. 지금의 현실에서는 외면받는 사실이 오히려 군자에게는 자랑스러워할 일입니다.

공자가 제자들, 특히 아꼈던 안회顔回와 나누었던 대화다. 공자는 오십에 크게 꺾였지만, 이는 오히려 존경받는 성인聖人으로 나아가는 계기가 되었다. 그러니 치열하게 살았음에도 세상에서 밀려났다고 슬퍼할 이유가 없다. 이제 진정으로 내면을 닦아 좋은 사람이 될 또 다른 기회를 얻을 따름이다.

> 배우고 때때로 익히면 즐겁지 아니한가. 벗이 멀리서 찾아오면 이 또한 즐겁지 아니한가. 세상이 나를 몰라주어도 화내지 않으면 군자라 할 만하지 않은가.[學而時習之不亦說乎, 有朋自遠方來不亦樂乎, 人不知而不慍不亦君子乎]

『논어』의 유명한 첫 구절이다. 우리의 삶은 어떤가. 좋은 사람이 되기 위해 매일 공부하며 마음을 닦고 있는가? 온화한 인품을 갖추어서 친구들이 절로 자신을 찾아오는가? 세상이 나를 몰라주어도, 이미 훌륭한 사람이 되어가기에 세상 평판에 신경 쓰지 않게 되었는가? 이 물음에 고개가 절로 끄덕여진다면 인생은 희망적이다. 하늘의 뜻을 깨닫고 내면으로 눈을 돌려 군자가 되는 과정이기 때문이다.

어디서든 존경받는 사람들의 비밀

(정직)

_애덤 스미스

장거리 달리기에서 초반 1미터 차이는 크지 않다. 하지만 경기 후반으로 갈수록, 1미터는 점점 버거운 거리가 된다. 이제 인생이란 장기 레이스는 중반을 넘어섰다. 여전히 생계의 짐은 무겁고 일상도 버겁다. 젊었을 때는 마음을 벼리고 열심히 노력하면 성공할 줄 알았다. 그런데 이제 앞서가는 이들과 벌어진 격차는 영영 좁혀지지 않을 듯싶다.

이런 나에게도 미래가 있을지 의심이 들 때면 자꾸만 패배감과 자괴감이 밀려든다. 이대로 약해지다가 마침내 밀려나고 스러질 운명만 남지 않았나? 가슴은 늘

화와 불안, 짜증으로 가득하다. 이럴수록 자꾸만 갈등이 쌓이고 사람들이 내게서 멀어진다.

칭찬과 비난이라는 '보이지 않는 손'

애덤 스미스Adam Smith는 '보이지 않는 손'을 주장한 경제학자로 알려져 있다. 하지만 그는 『도덕 감정론』을 쓴 철학자이기도 하다. 애덤 스미스는 이렇게 말한다. 사람들은 자기의 이익을 좇아 살아간다. 그래도 괜찮다. 수요와 공급이 '보이지 않는 손'처럼 세상을 잘 굴러가게 하는 까닭이다.

마찬가지로 우리 인생은 '감정'을 좇아 굴러간다. 칭찬과 비난이라는 '보이지 않는 손'이 내 일상을 좋은 삶으로 이끌어간다. 누구나 칭찬은 받고 싶고 비난은 피하려 한다. 우리가 돈 많이 벌고 높은 지위에 오르려는 이유는 인정과 칭찬을 얻고 싶어서다. 가난을 면하려는 이유도 비슷하다. 힘없고 못 가진 이들에게 향하는 멸시를 누가 받고 싶겠는가. 그래서 부와 권력, 명예를 위해 열심히 달리곤 한다.

만약 충분한 재산을 모으지 못했고 만족할 만큼 명예나 지위를 누리지도 못하고 있다면, 그 인생은 실패했을까? 애덤 스미스는 절대 그렇지 않다고 잘라 말한다. 세상에는 돈이 많고 지위가 높아도 경멸과 비난을 사는 자들이 많다. 반면 궁핍하며 별 볼 일 없는 자리에 있어도 사람들에게 사랑과 존경받는 사람도 적지 않다. 애덤 스미스는 『국부론』을 쓴 경제학자임에도 절대 돈벌이가 인생에서 가장 중요하다고, 삶의 성패는 재산과 권력을 따위를 얼마나 거머쥐었는지로 갈린다고 말하지 않았다.

정직은 최선의 방책이다

애덤 스미스에 따르면, 세상에서 존경과 감탄을 사는 방법에는 '덕에 이르는 길road to virtue'과 '재산에 이르는 길road to fortune'이 있다. 둘 가운데 핵심은 덕에 이르는 길이다. 훌륭한 인품과 정직 근면한 생활 태도가 몸에 밴 이들은 인정받기 마련이다. 이런 사람이 사업을 한다고 해보라. 애덤 스미스는 "정직은 최선의 방책Honesty is the best policy"이라고 강조한다. 약속 잘 지키고 정직한 사람은 누구나 곁에 두고 싶어 한다. 그러니 돈과 명예를 거머쥘 기회도 많이 열릴 테다.

물론 인품 좋은 사람이 꼭 성공하리라는 법은 없다. 애덤 스미스는 그래도 상관없다고 우리를 다독인다. 덕스러운 인격을 갖추는 노력은 자신을 훌륭한 사람으로 거듭나게 하기 때문이다. 그는 이렇게도 말한다.

"건강하고 빚이 없고 양심에 거리낌 없는 사람의 행복에 무엇이 더해져야 하는가?"

곱씹을수록 맞는 말이다. 온갖 편법과 꼼수로 큰 재산을 모으고 권력을 거머쥐면 뭐 하겠는가. 재산 잃고 지위와 권한이 떠나가는 순간, 이들의 평판은 바닥에 내동댕이쳐질 테다. 한편 정직하고 성실하게, 올곧게 생활을 가꾸는 이들은 어떨까. 그들은 성취나 실패와 상관없이 언제나 사랑과 존경을 받는다. 덕에 이르는 길을 꾸준히 걸어가는 사람들이다.

사랑받을 자격은 어디에서 오는가

그렇다면 재산에 이르는 길은 어떨까. 얼핏 덕에 이

마음속에 공평한 관찰자를 세워서
그의 말에 귀를 기울여보자.
정직하고 올곧게 삶을 꾸려나가는 사람은
성취와 상관없이 존경받는다.

「시각의 감각」, 작가 미상

르는 길과는 완전히 달라 보인다. 하지만 사실 이 두 가지 길은 긴밀하게 연결되어 있다. 예를 들어보자. 자본주의 사회에서 자수성가하려면 무엇보다 근면 성실해야 한다. 또한 정직하게 셈하여 신용을 쌓아야 한다. 나아가 남을 배려하는 마음을 갖추어야 단골손님이 많아질 것이다. 이렇듯 돈을 버는 일은 매일같이 성실, 정직, 배려심 같은 덕목들을 연습하는 과정이기도 하다.

며느리 심정은 며느리가 안다고 했다. 갖은 고생 끝에 성공을 거둔 이들은 세상을 헤아리는 마음도 넓고 크다. 이런 사람들을 사랑하지 않기란 무척 어렵다. 물론 인생에서는 열심히 노력해도 실패하는 경우가 숱하게 생겨난다. 결과가 나쁘면 모든 것이 헛수고가 되어버릴까? 애덤 스미스는 강하게 고개를 흔든다. 비록 부자가 되지는 못했어도, 스스로 '부자가 될 만한 됨됨이'를 갖추게 되었다는 점만으로도 큰 소득이다. 이런 사람은 비록 어떤 일에서 실패해 거꾸러진다 해도 존경받는다.

온갖 반칙을 써가며 성과를 거머쥔 이들은 어떨까. 이들은 부자가 될 수는 있어도 결코 '부자가 될 만한 자격을 갖춘 사람'이 되지는 못한다. 사람들은 그들을 손가락질하고 미워한다. 이용할 가치가 있어서 그들에게 억지로 굽실거릴 뿐 진정한 사랑과 존경을 보내지는 않는다. 그래서 애덤 스미스는 '사랑받는 사람'보다 '사랑받을 자격을 갖춘 사람'이 되라고 말한다.

나를 지키는 양심의 소리

그렇다면 사랑받을 자격은 어떻게 해야 갖출 수 있을까. 이는 좋은 인생을 꾸리는 방법과도 같은 말일 테다. 애덤 스미스는 구체적인 방법까지 일러준다. 마음속에 '공평한 관찰자impartial spectator'를 세우고, 그의 인정을 받기 위해 노력하자. 앞서 애덤 스미스는 인간이 칭찬과 비난이라는 보이지 않는 손에 이끌리며 삶을 꾸린다고 말했다. 그런데 우리가 제대로 살기 위해서는 누구에게 인정받고 욕을 들어먹는지도 헤아려야 한다. 심술 가득한 이들이 악에 받쳐 쏟아내는 비난에 귀를 기울여야 할까? 신경 쓸수록 내 정신 건강만 안 좋아질 뿐이다. 내게 살가운 이들이 들려주는 좋은 소리에만 귀를 기울인다면? 나는 아부꾼에게 휘둘리는 자들과 별 다를 바 없어질 테다.

그러니 마음속에 공평한 관찰자를 세워서 그의 말에 귀를 기울여 보자. 이를 '양심의 소리'라고 해도 다르지 않을 듯싶다. '법 없이도 살 사람'이라는 상찬賞讚을 받는 분들을 떠올려 보자. 친절하고 온화하지만, 대쪽 같은 삶의 결이 살아 있지 않던가. 그대의 인생은 결코 뒤처지지도, 실패하지도 않았다. 덕에 이르는 길로 꾸준히 나아가면 그뿐이다.

생의 경이로움을 회복하다

_대커 켈트너

필경사 바틀비는 성실했다. 묵묵하게 일을 해냈고 감정이 흔들리는 일도 없었다. 그러던 그가 어느 날부터 업무를 안 하겠다며 버텼다.

"저는 안 하기를 택하겠습니다 would prefer not to."

그는 이렇게 짧게 말하고 아무것도 하지 않았다. 바틀비는 조금씩 시들어 가다가 마침내 세상 밖으로 내쫓겨 난다. 허먼 멜빌의 소설 『필경사 바틀비』의 줄거리다.

바틀비는 묘한 공감을 안긴다. 희망 없이 반복되는 일상, 자디잔 업무들이 거듭될 때면 내 인생도 좀스럽고 한심해지는 느낌이다. "저도 안 하기를 택하겠습니다"라는 말이 혀끝까지 올라오던 때가 얼마나 많던가. 하지만 목구멍이 포도청이라 미래가 없어도, 일에서 의미를 찾지 못해도 일을 그만두지는 못한다. 퇴로가 없는 개미지옥 같은 일상이랄까.

일상에 잠식당하지 않기 위해

심리학자 대커 켈트너Dacher Keltner는 이렇게 묻는다.

"당신이 알던 세상을 뛰어넘는 거대한 신비를 마주하고 경이로움을 느꼈던 때가 언제였나요?"

그러면서 켈트너는 일상에서 경이로움을 자주 느끼라고 권한다. 경이로움은 '우리가 이해하기 어려운 어떤 거대한 신비를 마주했을 때의 감정'이다. 먹지 못하면 죽는다. 마찬가지로 경이로움에서 멀어진 영혼은 시름시름 앓다가 말라비틀어져 버린다. 일상에서 하루에 10분이라도 경이감에 취하는 순간을 만들어보자. 자잘한 일들이 당신의 인생을 집어삼키지 못하게 하려면 그렇게 해야 한다.

경이로움의 벅찬 감동, 즉 경외심을 느끼는 일은 대

단하지 않다. 푸른 하늘이나 저녁노을의 아름다움을 여유롭게 바라볼 때 드는 감정을 떠올려 보자. 좀처럼 하기 힘든 희생과 헌신, 감당하기 힘든 어려움을 이겨낸 이들의 이야기를 들었을 때 가슴에 맺히는 뭉클함은 또 어떤가. 나보다 크고 거대한 무엇이 주는 묵직한 울림은, 하찮아져만 가던 내 영혼을 다시 다잡아 준다. 정신이 쓰러지지 않게끔 바로잡아 준다는 뜻이다. 켈트너에 따르면 경외심은 식욕, 성욕, 수면욕과 같이 우리가 꼭 채워주어야 할 본능이다. 여기에는 진화적인 이유도 있다.

경외심은 인간의 '본능'이다

우리는 '기본 상태의 자기 basic self'로 살아간다. 온갖 걱정과 불안에 싸여 하루하루를 꾸려나간다는 뜻이다. 기본 상태의 자기는 자신만 바라본다. 내가 남들보다 뒤처지지는 않는지, 무리에서 혹여 밀려나지는 않는지, 계속해서 자신을 남들과 견주며 가늠하고 생각을 곱씹는다. 기본 상태의 자기에게는 좁쌀만 한 위험과 손해도 바위처럼 크게 다가오곤 한다. 남들을 제치고 살아남아야 한다는 조바심으로 날이 서 있는 탓이다.

그렇지만 인간은 혼자서는 살지 못한다. 전체를 위해 기꺼이 양보하고 희생하는 사람이 많은 집단은 강하다. 반면 자기만 챙기는 자들이 많은 무리는 위기 앞에서 모래성같이 무너져 버린다. 인류 진화에서 살아남은 쪽은 당연히 자기보다 큰 전체를 위해 기꺼이 몸 바친 이들이 많은 집단이었다. 우리는 이들의 후손이다. 인간 마음에 나보다 크고 고귀한 무엇과 하나가 되고 싶은 '본능'이 새겨지게 된 이유다.

한마음 한목소리로 많은 사람과 하나가 되어 크게 구호를 외치고 노래를 부를 때 어떤 느낌이 들던가? 대의大義는 벅찬 감동을 안긴다. 그 순간에는 하찮고 헛헛했던 일상은 스러지고 고결한 가치가 가슴에 활활 타오른다. 고립감과 외로움 또한 어느덧 사라지고 없다. 이런 경험이 드물거나 아예 없는 인생은 어떨까. 생각만 해도 숨이 막힌다. 이렇듯 나보다 크고 신비로운 무엇과 함께하고 싶은 마음은 본능으로 우리 안에 새겨져 있다. 때마다 끼니를 챙겨 먹듯 우리가 일상에서 경외심을 때때로 느껴야 하는 이유다.

세상을 향한 무한한 궁금증

경외심은 다른 이들과 하나 되고 싶은 바람에서 그치지 않는다. 켈트너에 따르면, 인류 사회는 '전통 생태 지식traditional ecological knowledge'에 기대어 있다. "산 좋아하는 이치고 나쁜 사람 없다"라는 말이 있다. 이는 등산가들끼리의 공치사만은 아닌 듯싶다. 광활한 들판과 장엄한 산, 드넓은 바다의 풍경을 볼 때 우리 마음은 한없이 너그러워진다. 전통 생태 지식은 인간이 자연의 일부라는 지혜를 일깨운다. 자연의 숭고함과 소중함을 소홀히 대하는 사회는 없다. 인간은 틈만 있으면 대자연을 느끼고 경험하려 한다. 이 또한 자연의 일부인 인간의 본능인 탓이다. 우주라는 어머니 품에서 사람들과 세상을 볼 때 삶을 대하는 방식도 달라진다. 한결 너그러워지며, 알지 못하는 것들도 열린 마음으로 대하게 된다.

무거운 망치를 반복해서 단조롭게 내려치듯 일상이 버겁고 무의미하다면 어떻게 해야 할까? 그대는 무엇을 해야 할지 은연중에 알고 있다. 하지 못하고 있을 뿐이다. 사람은 행복뿐 아니라 불행에도 익숙해진다. 특히 중년은 '학습된 무기력'에 길들기 쉬운 시기 아니던가. 고통을 버티는 데 익숙해진 삶이 좋은 인생은 아니다. 삶이 다른 결을 띠도록 일상을 바꾸어야 한다.

삶이 만족스럽지 않다면, 유튜브나 소셜 미디어 등에 하릴없이 매달려서는 안 된다. 검색 알고리즘이 그대를 점점 좁고 자잘한 자신만의 관심사 속에 가둬버리는 탓이다. 남과 자신을 견주며 더욱더 자신을 비루하게 느끼게 된다. 일상을 박차고 나가 경이감을 느낄 곳을 찾아 나서보자. 하루에 10분이라도 경이감을 느끼는 순간을 만들어보자.

"이 땅의 아름다움과 수수께끼 속에서 살아가는 사람은 (중략) 결코 외톨이가 되거나 삶에 싫증을 내지 않는다."

"마지막 순간 나를 지탱할 것은 앞으로 무슨 일이 펼쳐질 것인가에 대한 무한한 궁금증이다."

켈트너가 들려주는 조언이다. 경이감에 휩싸였을 때 세상은 더 이상 지루하지 않다. 뜻 모를 의미를 품은 거대한 수수께끼로 새로이 다가온다. 펼쳐질 가능성에 심장이 뛰던 젊은 시절처럼, 경이감은 중년에게도 가슴 벅찬 새로운 인생 과제를 던질 테다.

우리는 틈만 나면 대자연을 경험하려 한다.
자연의 일부인 인간의 본능 탓이다.
경이로움 안에서 사람과 세상을 보면
한결 열린 마음으로 대하게 된다.

「요세미티의 스타 킹산」, 알베르트 비어슈타트

삶을 완성하는 죽음에 관해 묻다

죽음은 인생이 던지는 가장 큰 경이로움이다. 우리는 모두 약해지다가 마침내 죽을 운명이다. 애써 외면해도 이 사실은 바뀌지 않는다. 중년은 이제 죽음이라는 경이에 직면해야 한다. 이때 성취와 재산은 관계없다. 오히려 경이로움을 느끼는 데 방해가 되기도 한다. 가진 것을 잃을까 봐 애면글면하는 마음은 크고 신비로운 무엇에 좀처럼 눈을 돌리지 못하게 하는 탓이다.

초연한 마음으로 죽음에 마주할 때 우리는 비로소 삶에서 가장 중요하고 깊은 물음을 던지게 된다.

"어째서 우리는 모두 죽는가?"

"나는 왜 살아 있는가?"

"이 모든 것의 목적은 무엇인가?"

이런 의문을 마음에 품고 사는 이는 살아지는 대로 살지 않는다. 삶의 의미를 끊임없이 되물으며 자기가 살고자 하는 길로 일상을 끌고 나간다. 죽는다는 운명을 따른다는 점에서 인류는 모두 평등하다. 더 많은 명성과 부를 쌓는다 해도 죽음을 넘어서지 못한다는 사실은 분명하다. 모든 것을 무無로 되돌리는 죽음이라는 경이 앞에서 중년은 새로운 성장의 기회를 맞는다.

"내 삶은 좋은 인생이었나?"

이 물음에 답을 찾기 위해서는 자주 일상에서 놓여나야 한다. 구슬이 서 말이라도 꿰지 않으면 소용이 없다. 의미는 삶을 꿰는 실과도 같다. 죽음은 내 삶이 과연 의미 있었는지, 살아갈 나날이 가치 있으려면 어떻게 살아야 할지를 되묻게 한다.

인생의 중년에는 숨을 고르며 생애 전반을 살피는 작전 타임이 많아야 한다. 세세하고 복잡한 일상 문제에 매달릴수록 세상을 보는 시야는 좁아진다. 어쩌면 바틀비처럼 우리 역시 주저앉아 버릴지 모른다. 켄트너는 대자연과 예술을 비롯해, 강인함과 용기와 친절 같은 심리적 아름다움mental beauty 등 경이를 느끼게 하는 여러 요소를 친절하게 알려준다. 자연과 자주 접하고, 틈날 때마다 미술관이나 도서관에서 위대한 지혜와 만나자. 경이로움도 노력하는 만큼 느끼는 법이다.

> 행복

가장 좋은 날은 아직 오지 않았다

_조너선 라우시

그대는 참 열심히 살아왔다. 그런데도 마음은 여전히 헛헛하다. 목표를 이룰 때의 기쁨은 언제나 잠시뿐, 어느덧 나아가야 할 또 다른 목적지가 더 멀리 생겨난다. 일터에서도 더 열심히 달리라며 닦달해 댄다. 만족할 만큼 돈과 재산을 모으지 못했고, 돌보아야 하는 부모님, 식솔들이 눈에 밟힌다. 매일이 끝없는 의무의 연속인 듯싶다. 걸어도 걸어도 끝이 없는 사막을 헤매는 듯한 막막함이 밀려든다.

의욕과 열정이 넘쳐나던 시절은 이미 지나가 버렸다. 이제 나의 앞날에는 무엇이 남아 있을까. 공허함에 "이게 끝인가?", "이젠 어쩌지?"라고 하루에도 몇 번씩 되묻게 된다.

인생의 황금기에 관한 편견

오십 대에는 삶의 만족감이 바닥에 다다른다. 하지만 해 뜨기 직전이 가장 어두운 법, 이 시기를 잘 견디고 나면 또 다른 인생의 절정이 찾아온다. 미디어에서는 청춘을 사랑과 정열이 꽃피는 인생의 황금기로 그린다. 중년에 이르면 서서히 삶이 시들어가고, 노년은 미래가 없는 추레하고 어두운 시기로 보인다. 하지만 과연 그럴까?

당신은 젊은 날을 실제로 겪어보았다. 청춘은 아름답지만은 않았다. 앞날에 대한 불안, 인정받지 못해 생겼던 불만, 이루지 못한 사랑으로 얼마나 괴로웠던가. 노년은 어떤가. 주변의 나이 든 분들을 살펴보라. 당당하고 활기차게 일상을 가꾸는 분들이 훨씬 많다. 인생 경험이 쌓인 그대는 이제 미디어가 심어놓은 인생에 대한 편견에서 벗어나야 한다.

조너선 라우시Jonathan Rauch는 『행복의 U자 곡선The

Happiness Curve』에서 이런 편견을 깨준다. 천진난만한 어린 시절은 밝고 활기찬 기운으로 가득하다. 청소년 시기에 접어들면서부터는 삶의 만족도가 서서히 낮아지고 청년기까지 이어진다. 그러다가 온갖 일에 치이는 중년에 이르면 행복감은 바닥까지 떨어진다. 그러나 이 시기를 지나면 인생에 대한 만족도가 다시 높아진다.

심리학자들에 따르면, 행복감이 U자를 그리며 낮아졌다 높아지는 모습은 인간뿐 아니라 영장류에게 일반적으로 나타난다고 한다. 생애 전체에 걸쳐서 행복도가 낮아졌다 높아지도록 유전자가 설계되었다는 의미이리라. 그렇다면 왜 생명은 중년의 시기가 가장 불행하도록 진화했을까?

중년의 위기도 쓸모가 있다

젊은 시절에는 '낙관 편향'이 강해야 한다. 아침에 일어났을 때 "오늘은 좋은 날이야! 멋진 일들로 가득하고, 모든 게 내가 원하는 대로 풀려나갈 거야!"라는 기대가 있어야 한다. 그래야 자리를 박차고 활기차게 하루를 시작하게 될 테다. "또 하루가 시작되었군. 고통과 우울을 견뎌야 한다니 끔찍해"라고 한숨 쉰다면 어떻겠는가. 잠자리에서 뭉그적거리다가 하루를 망치기 십상이다.

인생 전체도 그렇다. 젊은 날에는 기대감으로 부풀어 있어야 맞다. 그래야 열심히 일하며 사회를 굴러가게 하고, 남다른 생각도 과감하게 내세우며 변화와 발전을 일구지 않겠는가. 하지만 세상살이는 녹록지 않다. 하늘을 찌르던 의지는 숱한 실패와 좌절을 겪으며 조금씩 사그라진다. 삶의 만족도도 점점 낮아져 간다. 그러다 오십 정도에 이르면 행복감은 마침내 바닥까지 떨어지고 만다. 우리가 겪고 있는 '중년의 위기'가 바로 이 시기다.

걱정과 의무에 치여 모래알을 씹는 듯한 나날이 이어지다 보면, 미래에 대한 기대도 접게 된다. 그렇지만 이 시간이야말로 다시 새로운 행복이 차오르기 시작하는 때다. 다가올 힘듦을 걱정하며 전전긍긍하던 와중에 소소한 행운이 찾아온다면 어떨까. 훨씬 큰 기쁨으로 다가온다. 앞으로는 늙고 병들고 약해지는 일밖에 없을 듯싶었을지 모른다. 그러나 여전히 기쁨과 행복이 찾아드는 순간들을 마주하면서 우리는 서서히 알아차리게 된다. 젊은 날에 보이지 않던 행복이 시작되었음을. 라우시가

평균수명 100세를 바라보는 시대,

성인이 되려 준비하는 청소년처럼

새로 배우고 인연을 가꾸며 다양한 경험을 하자.

인생의 절정은 이제부터 시작이다.

「벌새와 사과꽃」, 마틴 존슨 히드

중년의 불만족은 '위기'가 아닌 자연스럽고 건전한 '전환'이라고 말하는 이유다.

그렇다면 그 새로운 행복은 언제쯤 찾아들까? 이를 느끼기 위해 무엇을 어떻게 해야 할까? 라우시는 이 물음에 "그냥 끝까지 걸어가라"라며 담담히 충고한다. 삶에 대한 기대치가 낮아지면서 일상에 대한 만족감이 절로 높아지기 때문이다. 물론 이런 변화는 보다 어른다워지고 성숙해질 때 가능하다.

따뜻하게 웃을 수 있는 힘

인류학에서는 '할머니 가설grandmother hypothesis'이 널리 인정받고 있다. 할머니는 아이를 낳지 못한다. 진화의 시각으로 볼 때, 종족 번식을 못 하는 생명체는 빨리 사라져야 맞다. 유전자를 퍼트리는데 도움이 안 되는 까닭이다. 그렇지만 인류 사회에서는 할머니들이 오래도록 살아남아 가족과 함께 살아간다. 왜 이렇게 되었을까? 학자들은 그 이유를 할머니들이 아이를 보살피고 젊은 세대를 챙겨준다는 데서 찾는다. 사냥을 해서 먹거리를 구하거나 아이를 낳지는 못해도, 다른 이들을 도와줌으로써 무리가 살아남는 데 큰 보탬이 되었기에 여성의 수명이 길어졌다는 설명이다.

라우시는 중년에 다다른 우리의 역할도 이와 같아야 한다고 말한다. '경쟁력'을 키워 젊은이들을 밀쳐내며 살아남을 수는 있다. 그렇지만 언제까지 이러지는 못한다. 결국 늙고 힘이 빠져 뒤처지게 되어 있다. 그렇다면 다른 방법을 찾아야 한다.

젊을 때는 자기중심성egocentricity이 강하다. 자신만의 목표를 찾고 성취해 만족감을 얻으며 나아가기 때문이다. 그러나 중년에 이르렀다면 타인지향성other-directedness을 키워야 한다. 내가 더 잘났다고 과시하며 인정받으려 하지 말자. 자라나는 세대가 목표를 이룰 수 있도록, 뒤처진 이들이 밀려나지 않도록 도움을 주고 응원하는 능력을 키워가야 한다. 철학자 세네카는 이렇게 말한다.

"적과 싸우는 이들에게 힘을 주기 위해서 손발이 잘렸어도 뒤에서 열심히 목청 높여 응원하는 자들 역시 전사다."

중년에 딱 맞는 충고다. 아이는 아이다울 때 사랑스럽다. 젊은이는 젊은이다울 때 멋지고 아름답다. 중년도 중년다울 때 기품과 존재감이 넘친다. 앳되었던 시절, 어떤 어른이 고맙게 다가왔는지 떠올려 보자. 핀잔과 무시로 나를 주눅 들게 했던 사람은 도움을 주어도 마뜩잖았다. 반면 따뜻하고 넉넉한 미소로 다독여 주던 선배들은 든든하고 고마운 사람으로 기억에 남았으리라. 이제 우리가 이런 품격을 갖추어야 한다.

직장에서는 연차가 쌓일수록 역할이 달라진다. 인생도 다르지 않다. 이제는 인자하고 따뜻하게 웃을 줄 알아야 한다. 젊을 때는 상대를 경쟁자로 여기며 이기려는 노력이 멋져 보인다. 그러면서 실력도 나아지고 담력도 강해지기 때문이다. 하지만 인생의 쓴맛 단맛을 다 보고 난 뒤에는 다르다. 이제는 상대방이 인생이라는 고통스러운 여정의 동반자로 다가온다.

갈등을 헤아리고 조정하다 보면 슬픔과 고통을 다독이는 능력도 자라나기 마련이다. 이럴수록 표정에는 깊은 이해와 공감이 피어나곤 한다. 이제 중년인 자신이 어떤 모습으로 바뀌어가고 있는지 점검해 보자. 다감하고 지혜로운 얼굴인가, 질투와 욕심이 가득한 심술궂은 인상인가?

인생의 절정을 맞이하다

청소년기는 인생에 원래 없던 시기다. 수명이 늘어나고 교육 기간이 길어지면서 비로소 청소년기가 자리 잡았다. 지금의 중년기도 그렇다. 평균수명이 60세도 안 되던 과거의 중년과 기대 수명이 80세가 넘는 지금의 중년은 삶의 방식부터 달라야 한다.

청소년기 때 우리는 새롭게 배우고 많은 사람을 만나며 여러 경험을 했다. 좋은 성인이 되기 위해 자기를 가꾼 셈이다. 라우시는 중년을 '앙코르 청소년기encore adolescence'라고 부른다. 앞으로 30년 이상의 긴 세월이 남은 지금, 또다시 새롭게 배우고 인연을 가꾸며 다양한 경험을 해야 한다는 뜻일 테다. 그렇게 좋은 노년을 맞도록 자신을 가꾸어야 한다.

"만약 감사하는 마음을 알약으로 만든다면, 모든 의사가 이를 처방할 것이다."

라우시의 말이다. 일상에서 찾아드는 소소한 행복에 감사할 줄 알면 인생 2막이 새로운 기대로 다가온다. 젊을 때 이루지 못했던, 아마 앞으로도 이루지 못할 일들에 애면글면하는 마음도 점점 옅어질 테다. 평균수명 100세를 바라보는 시대, 행복의 U자 곡선은 앞으로의 내 인생이 다시 밝고 유쾌해지라는 사실을 일러준다. 나날이 깊어지는 행복에 감사하며 인생의 절정을 맞이하자. 가장 좋은 날은 아직 오지 않았다.

4 ○ 겨울

성찰로 깊어지는 지혜

농부는 겨울을 지나는 동안 봄을 준비한다.
지난 계절들에서 얻은 양식을 품고
춥고 긴 시간을 견뎌낸다.

늙음이 서러워서, 가진 것이 없어서,
더 이상 세상일이 내 마음처럼 되지 않아서 힘든가?

우리의 인생이 겨울을 지날 때
그동안 세월에서 얻은 지혜가 버티게 해줄 테다.
좋은 일이나 나쁜 일이나,
어차피 다 지나간다는 사실을 이제는 안다.

「겨울의 숲」, 찰스 워런 이턴

운명과 말다툼하지 말라

_세네카

철학자 디오게네스Diogenes의 하나밖에 없는 노예가 도망쳤다. 빨리 잡아들이라는 주변의 성화에도 디오게네스는 심드렁했다. 그는 이렇게 말했다.

"마네스(노예의 이름)는 디오게네스가 없어도 살 수 있으니까 내뺐겠지. 그런데도 주인인 디오게네스가 마네스 없이 살 수가 없다며 그에게 매달린다면 되겠는가. 이는 매우 창피한 일이네. 나는 그자가 없어도 돼. 이제 풀려난 자는 노예가 아니라 나란 말일세."

세네카의 에세이 「마음의 평정에 관하여De tranquillitate animi」에 나오는 이야기다.

씀씀이를 줄이는 괴로움

"가지지 못한 아픔이 잃는 고통보다 덜 쓰리다."

세네카의 말이다. 가지고 누리는 것이 많을수록 더 큰 불안에 시달리곤 한다. 상황은 언제든 바뀌기 마련, 내가 지닌 것은 언제든 사라질 수 있다. 반면 "검소한 삶은 가난도 부유함으로 바꾸어 놓는다." 잃을 게 적다면, 더 적은 것으로도 만족할 줄 안다면 삶이 흔들릴 일도 줄어든다는 의미다.

디오게네스는 물과 햇빛만으로도 행복할 줄 알았다. 물욕이 없고 검약이 몸에 밴 그는 잃을 것이 거의 없었다. 세네카는 이런 그를 무척 부러워했다. "욕심쟁이와 사기꾼, 날강도들이 득실대는 세상에서 해코지당할 일 없는 사람은 왕과 같은 처지"인 까닭이다. 중년에는 소득이 늘어날 일이 별로 없다. 그러니 값싸고 쉽게 구해지는 것들에 만족하는 자세야말로 제대로 된 노후대책일 수 있다. 이 점에서 디오게네스는 깊은 울림을 안긴다.

"필연은 용감하게 견디는 법을 가르치고 습관은 쉽게 견디는 법을 일러준다."

세네카의 말이다. 인생의 전반기에는 소득을 늘리려

고 아등바등했다. 그러나 인생 후반기에는 줄어드는 수입에 맞추어 씀씀이를 줄여야 한다. 이는 무척 괴로운 일이다. 다행히도 자연은 우리에게 삶의 고통을 잘 이겨내게끔 습관이라는 선물을 안겨주었다.

불행과 처음 맞닥뜨렸을 때는 너무나 막막하고 힘들다. 그러나 시간이 흘러 익숙해지면 어떤 힘겨움도 그럭저럭 견딜 만해진다. 늙고 병들며 결국 죽는다는 사실은 누구나 겪어야 할 '필연'이다. 우리에게는 늙음과 병약함, 외로움이 더 빨리 현실로 다가올 테다. 더 적게 누리며 평안해지는 습관을 몸에 익혀나가야 하는 이유다.

자연의 모든 것은 변하기에

세네카는 철학자 제논의 이야기도 들려준다. 제논이 배를 타고 가다 폭풍을 만나 전 재산을 잃었다. 그런데도 제논은 상황을 탓하지도, 슬퍼하지도 않았다. 이렇게 말하며 마음을 다잡았을 뿐이다.

"이제 내가 세상일에서 벗어나 오롯이 홀로 지내며 공부만 하도록 자연이 이끌어주는구나!"

벌어진 일은 어쩌지 못한다. 세네카는 운명과 말다툼하지 말라고 충고한다. 나이가 차서, 힘이 떨어져 세상의 중심에서 멀어지는 현실은 어쩔 수 없다. 자연의 모든 것은 변하며 스러져 간다. 나 역시 그런 운명을 겪고 있을 뿐이다. 그렇기에 중년에는 새로운 의미와 역할을 만들어야 한다. 최전선에서 격렬하게 싸우는 전사만 군인이 아니다. 보초를 서고 창고를 지키는 병사도 군인이다. 세상일도 그렇다. 핵심적인 과제를 맡아 중요한 업무를 처리하는 사람만 소중하지 않다. 열심히 달리는 이들에게 응원을 보내고 옳지 못한 일에 고개를 흔드는 모습도 세상이 제대로 굴러가는 데 꼭 필요하다.

젊은이들과 당당히 세상의 중심에서 실력을 겨루는 모습도 멋지다. 그러나 세월이라는 필연은 결국 우리를 노쇠함과 죽음으로 끌고 가게 되어 있다. 따뜻하고 넉넉하게 무르익은 인격을 가꾸어야 하는 이유다.

뒤로 물러서면 여유가 생긴다

그럼에도 현실에 순응하지 못하고 아등바등하며 억

최전선에서 싸우는 전사만 군인이 아니다.
창고를 지키는 병사도 군인이다.
한 발 떨어져 있다고 해서
그 의미와 역할이 퇴색되지는 않는다.

「다가오는 폭풍」, 마틴 존슨 히드

지로 바쁜 생활을 이어나가는 경우도 있다. 여전히 건재하다는 걸 보여주며 존재감을 과시하기 위해서다. 한가해지면 마음이 불안해지고, 사람 만날 약속이 줄어도 초조해진다.

현대사회에서 정신없이 바쁜 생활은 내가 얼마나 중요한 사람인지 보여주는 잣대처럼 되어버렸다. 하지만 세네카는 인생을 항해에 견주며 경고한다. 배를 몰고 바다에 나갔다 해보자. 풍랑에 휩싸여 이리저리 휘둘리느라 뱃사람들이 무척 바쁘게 움직였다. 그러나 목적지는 근처에도 다다르지 못했다. 이 경우를 제대로 항해했다 할 수 있을까? 부산하기만 한 인생도 다르지 않다. 바지런히 사는 것만이 능사는 아니다. 내 삶이 목적을 향해 나아가고 있는지가 중요하다.

이렇게 다른 사람의 시선을 의식하며 분주하게 움직이다 보면 정작 자기 자신을 위한 시간은 거의 내지 못한다. 세네카는 말한다.

"현재는 짧고, 미래는 불확실하고, 과거는 확실하다."

미래는 늘 불안하고 현재는 항상 순식간에 지나가 버린다. 그래서 미래에 맞추어 현재를 사는 인생은 허둥댈 수밖에 없다. 그래서 세네카 시대의 철학자들은 '여유'라는 뜻의 스콜레schōlē를 강조했다. 눈앞에 닥친 일들에만 매이다 보면 내 인생이 작아져 버린다. 마음이 급할수록 뒤로 물러서 크게 보아야 한다. 세네카를 비롯한 스토아 학자들이 "우주적 관점에서 바라보라"라고 충고하는 이유다.

언제든 자연으로 돌아가도록

우리는 모두 운명에 매여 있다. 돈이 많은 이도, 지위가 높은 사람도, 권력을 손에 한껏 거머쥔 사람도 결국은 죽고 모든 것을 잃는다. 나아가 "굴러떨어지지 않고는 내려올 수 없는 높은 곳에서 어쩌지 못하고 버티고 있어야 하는 사람도 많다." 온갖 역할과 의무에 치여 피곤함에 찌든 채로 화려한 삶을 이어가는 자들이다.

그래서 세네카는 중년에는 스스로 멈출 줄 알아야 한다고 속삭인다. 맡은 일에 최선을 다하되, 여기서 놓여나도 속상하지 않도록 마음을 다스리라는 뜻이다.

"성실한 사람이 자기에게 맡겨진 일을 해나가듯 하라. (운명이) 언제든 이제 자기 몫을 돌려 달라고 할 수 있다. 이때 운명과 말다툼하지 마라. 다만 '그대가 주었을 때보다 더 나아진 영혼을 돌려드리겠습니다. 저는 도망치지도 주춤거리지도 않을 겁니다'라고 당당하게 말하게끔 살라."

세네카에 따르면, 자연이 우리가 삶을 통해 배우기를 원했던 바는 "운명이 더 이상 우리를 어쩌지 못하게 하는 것"이다. 욕망을 내려놓고 담담하게 삶의 의미를 다 잡아가는 사람은 불운도 어쩌지 못한다. 잃을 것이 거의 없는 까닭이다. 어느덧 얼굴에는 지혜로운 어른의 선하고 맑은 표정이 자리 잡고 있을 테다.

탐구

지적 호기심을 회복하다

_버트런드 러셀

몬테카를로 카지노의 도박꾼들은 열심히 돈을 좇는다. 하지만 그들 대부분은 되레 돈을 잃는다. 철학자 버트런드 러셀Bertrand Russell에 따르면, 우리의 모습도 다르지 않다. 성공하려 치열하게 노력해도 갈수록 공허함과 불안에 빠져드는 이들이 얼마나 많은가.

인생의 목표가 돈이었다면 잠 못 이루는 밤은 계속 늘어만 갈 것이다. 돈은 늘 부족하기 때문이다. 러셀은 이런 고민에 빠진 이들에게 돌직구를 날린다.

"부자가 불행하다면 부유해지려는 노력이 무슨 소용인가?"

자신보다 훨씬 높은 자리에서 더 많이 누리는 자들을 보자. 과연 그들은 모두 행복에 겨워하고 있을까? 아마도 아닐 듯싶다. 경쟁에서 뒤처지지 않으려 안간힘을 쓰거나 권태로워 우울해 있기 십상이다. 반대로 가난하고 지위 낮은 이들을 보자. 그들은 한결같이 불행할까? 당연히 그렇지 않다. 자신만의 기준으로 일상을 건강하고 만족스럽게 꾸려나가는 이들은 얼마든지 있다. 인생의 품격은 절대 돈으로 만들어지지 않는다.

그렇다면 이제 되물어 보아야 한다. 건강과 가족, 인간관계를 제쳐놓고 성공과 출세에 매달리는 삶이 과연 나에게 행복을 안길까? 러셀은 이 물음에 조용히 고개를 흔든다. 도박에 매달리는 치들은 부자보다 거지가 될 가능성이 훨씬 높다. 이 같은 방식으로 행복을 좇다간 인생이 더 회색빛으로 바뀔 뿐이다. 지금이라도 삶의 태도를 바꾸어야 한다.

그 자체로 즐거운 활동을 하라

지쳐 나가떨어질 때까지 토끼를 쫓는 개를 보자. 개

는 사냥하는 내내 행복하다. 반면 개를 쳇바퀴 위에서 달리게 하고 숨 가쁘게 뛰었을 때만 훌륭한 저녁 식사를 주어보자. 이 경우 개는 달리는 즐거움을 느끼기 어렵다. 맛있는 밥을 먹기 위해 억지로 해야 하는 노동인 탓이다. 그대의 인생은 쳇바퀴를 뛰는 개의 처지와 얼마나 달랐는가.

학창 시절부터 우리는 성공과 미래의 행복을 위해 참고 견디는 삶이 바람직하다고 여겼다. 지금 누리는 것들은 이런 노력의 결과다. 그래서 지금의 젊은이들이 마뜩잖다. 일에 진심이 아닌 듯해서다. 칼퇴근에 매달리며 연차며 휴가를 알뜰하게 챙기는 모습에 마음이 불편해진다. "나 때는 말이야…"라는 말이 혀끝에서 맴돌지만 차마 내뱉지는 못한다. 그래봤자 "저런 꼰대가 있나"라고 말하는 듯한 눈빛만 돌아올 뿐임을 아는 까닭이다. 열심히 산 내 인생이 무시당하는 느낌이다. 그래서 자주 서운함을 느끼고 마음도 밴댕이처럼 좁아진다. 이런 중년에게 러셀은 이렇게 조언한다.

"불행한 사업가가 행복해지고 싶다면 (자신의) 철학을 바꾸려 애쓰기보다 매일 10킬로미터를 (즐겁게) 걸어보라."

즐거운 순간이 많이 쌓이면 결국 즐거운 인생이 된다. 그대는 불행한 순간만 가득 쌓아가며 삶이 어느 순간 행복으로 뛰어오르리라 기대하지 않았던가. 심은 대로 거두는 법, 행복해지고 싶다면 일상부터 가슴 뛰는 즐거움으로 채워보자.

먹고살기 위해 짓는 농사는 힘들다. 그러나 취미로 작물을 키우는 일은 재밌다. 토끼를 뒤쫓는 개에게 사냥은 그 자체로 신나는 일이다. 이렇게 생각만 해도 즐거운 일상의 활동이 있는가? 중년에 접어들었다면 이제 일 때문에 밀쳐냈던 소소한 즐거움을 살뜰하게 챙겨보자. 그 자체로 성취와 보람, 행복을 안기는 활동은 무엇인가? 이 물음에 머뭇거린다면 인생에 변화가 필요하다.

즐거움을 탐구하는 마음

그런데 인생을 즐거움으로 온전히 채워도 정말 괜찮을까? 러셀은 강하게 긍정한다. 그는 19세기 당시 지식인들이 불행을 자랑으로 여긴다며 비판했다. 이들은 진정 현명한 이라면 삶의 무게에 대해 늘 고민하기 때문에

노동이 아니라 그 자체로 즐거운 일은
삶의 만족을 높이고 보람을 준다.
적극적으로 뛰어들어 활동하는 삶,
밝고 건강한 인생은 그 안에 있다.

「스튜디오」, 윈즐로 호머

심각하고 진지해야 한다고 주장했다. '아무 생각 없는' 대중과는 달리 섬세한 감수성으로 세상을 바라보기에 늘 멜랑콜리하다고 했다.

그러나 러셀에 따르면 이는 "말 앞에 수레를 달아놓은 것 같은 행위"에 지나지 않는다. 그는 "세상을 비관적으로 볼 만한 어떤 (정당한) 이유도 없다"라고 주장한다. 세상을 비관적으로 보아야 할 이유가 있다면 꼭 그만큼 낙관적으로 보아야 할 이유도 있기 때문이다.

러셀은 스스로를 쾌락주의자라고 부른다. 세상은 밝고 긍정적이며 삶은 즐겨야 하는 것이다. 세상이 어둡게 여겨지는 이유는 계속 어두운 자신의 내면에만 시선을 두기 때문이다. 러셀은 현실과 접촉하라고 강하게 호소한다. 적극적으로 뛰어들어 활동하는 삶, 밝고 건강한 인생은 바로 그 안에 있다.

지적 호기심이 주는 위안

러셀의 외할머니는 늙어서 잠이 없어졌다. 그래서 자정에서 새벽 3시까지 과학책을 열심히 읽곤 했다. 러셀은 이를 바람직한 삶의 자세로 소개한다.

늙을수록 미래를 꿈꾸기보다 자꾸만 과거를 곱씹게 된다. 당연히 분하고 서운했던 기억도 많이 떠오를 테다. 그럴 때 지적 탐구는 우리를 생각의 늪에서 빠져나오게 도와준다. 천문학을 공부해 보라. 어떤 심각한 고민도 우주의 눈으로 보면 티끌보다도 못하다는 사실을 깨닫게 된다. 역사를 통해 숱한 사람들의 고난과 실패를 훑어보는 일은 그 자체로 위안이다. 나만 고통받지 않았다는 사실을 깨닫게 되기 때문이다.

지적 탐구는 무기력이 짙어지는 중년을 또 다른 성장으로 이끈다. 나만 볼 때는 주변이 모두 경쟁자로 여겨진다. 가족만 생각할 때는 식구들 외에는 모두 남일 뿐이다. 그런데 인류 전체를 사랑하게 된다면 어떨까. 삶은 비로소 치기 어린 이기심에서 놓여나 진정 자비롭고 고귀한 경지로 나아가게 된다. 러셀은 에세이 「아직도 행복은 가능한가Is Happiness Still Possible?」에서 이렇게도 말한다.

> 트리엔트 공의회나 별들의 일생을 알고자 하는 열망에 사로잡혀 일상의 걱정거리를 잊어버리는 사람은, 학구적 관심에서 벗어나 다시 일상으로 돌아왔을 때 현실의 문제를

푸는 데 필요한 냉정함과 침착함도 갖추게 될 것이다. 더구나 이런 지적 탐색의 순간은 잠깐이더라도 진정한 행복을 경험하게 해준다.

누구보다 열심히 살았기에 이제 충분히 행복을 누릴 만하다. 그러니 삶에서 노동이 아닌 그 자체로 즐거운 일을 찾아보자. 지적 호기심을 틔우며 더 품격 있는 영혼을 갖추어 갈 수 있다.

우아하게 가난해지는 법

_에피쿠로스

　저속노화 식단이 인기다. 음식을 담백하고 적게 먹기. 실천해야 할 식습관은 단순하고 분명하다. 하지만 이를 일상에서 꾸준히 해내기는 무척 어렵다. 우리의 혀는 원래 달고 짜고 기름진 음식에 끌리게끔 되어 있는 까닭이다. 달지도 짜지도 않은 심심한 먹거리에 익숙해지기까지는 적잖은 노력이 필요하다.

　소비 생활도 그렇다. 많이 벌기는 점점 어려워진다. 할 수 있다고 해도, 이를 위해서는 엄청난 스트레스를 안고 살아야 한다. 기력이 떨어지는 중년에게는 바람직하지 않다. 그렇다면 씀씀이를 줄이는 노력이 필요하다.

적게 누리고 감사하며 밝게 살기. 중년이 실천해야 할 소비 생활은 이렇듯 명료하다. 하지만 이런 태도를 갖추기 위해서는 많은 품을 들여야 한다. 세상은 크게 벌고 누리는 삶을 부럽게 바라보는 탓이다. 여기서 자유롭기는 쉽지 않다. 적게 누리며 맑고 밝게 살려면 어떻게 해야 할까? 에피쿠로스는 이 물음에 답을 준다.

"욕구는 채울 수 있어도, 탐욕은 채울 길이 없다."

배고픔은 밥을 먹으면 사라진다. 졸음도 잠을 자면 없어진다. 그렇지만 더 비싸고 맛있는 것을 누리고 싶은 욕망은 어떨까? 아무리 좋은 것을 먹어도 소용없다. 아직 맛보지 못한 훌륭한 음식들이 세상에 널려 있으며, 온갖 호사는 남들만 누리는 듯싶어서다. 내 능력 밖의 것들에 대한 부러움, 그리고 이를 갖지 못하는 무력감 탓에 마음이 늘 괴롭다.

그래서 에피쿠로스는 탐욕에 휘둘리지 않도록 마음을 다잡으라고 채근한다. 우리는 다이어트를 할 때처럼 욕망을 추슬러야 한다. 조금 방심했다가 입이 터지는 순간이 얼마나 많은가. 꾸준한 운동 습관과 절제가 일상에 완전히 뿌리내린 이들은 다르다. 그들에게 달고 짜고 기름진 음식이 오히려 역하기만 하다.

비움에서 오는 아름다움

일본 문화에는 와비사비侘寂라는 전통이 있다. 와비侘는 완벽하고 단순하며 본질적인 것을, 사비寂는 오래되고 낡은 것을 뜻한다. 새롭고 요란한 것은 마음을 달뜨게 한다. 하지만 이내 싫증이 나서 또다시 새로운 것을 찾게 된다. 오랫동안 정성껏 다루어 손때 묻은 것들은 다르다. 화려하지 않아도, 은은한 품격이 느껴진다. 젊음에는 채우고 키우려는 패기와 뜨거운 욕망이 어울린다. 그러나 인생이 무르익는 중년에는 비우고 내려놓는 자세가 아름답다. 실제로 중년에 이르면 와비사비의 미美를 갖춘 공간과 물건이 느낌 있게 다가온다.

중년은 노후가 현실로 다가오는 시기다. 그러나 여전히 나갈 돈은 많고, 소득은 줄어들기만 한다. 하지만 이런 현실이 되레 품격 있는 욕망을 훈련할 기회임을 놓쳐서는 안 된다. 예산이 빠듯할 때는 한 푼 한 푼을 신중하게 쓰게 되는 덕분이다. 더 이상 충동에 이끌리지 않고. 충분히 따져서 가장 적당한 가격에 가장 좋은 물건을 구하려 애쓰게 된다. 절약하며 최고의 실속을 차리는 '린 이코노미lean economy'를 익혀가는 셈이다. 그 과정에서 경

소박한 욕구에 만족하는 사람은
질투와 분노에 휩싸이지 않는다.
비우고, 내려놓자.
은은한 품격이 그 자리를 채울 테다.

「달빛, 스트란드가데 30번지」, 빌헬름 함메르쇠이

제 관념과 함께 좋은 물건을 찾아내고 소중하게 다루는 법도 배워나가게 된다.

　이처럼 중년에는 우아하게 가난해지는 법을 익힐 필요가 있다. 에피쿠로스는 우리에게 '아타락시아'에 다다르라고 권한다. 이는 마음에 혼란taraxē이 없는 상태다. 탐욕은 정신을 헝클어뜨리며 밤잠 못 이루게 한다. 그러나 소박한 욕구에 만족하며 감사하는 사람은 질투와 시기, 분노에 휩싸이지 않는다.

삶을 넉넉하게 만드는 것

　남들에게 과시하려고 사들이는 물건이 얼마나 많은지 떠올려 보자. 남들이 자신을 어떻게 볼지에 대한 두려움이 없다면 검소함은 저절로 자리 잡는다. 명품을 사는 이유는 같이 사는 가족에게 자랑하기 위함이 아니다. 먹고살 만하지만 사치를 부릴 수 없고, 가진 것으로 잘난 척도 할 수 없는 상황이 된다면 어떨까. 탐욕은 더 고급한 욕망으로 바뀌어간다. 건강한 육체, 멋진 예술과 정신세계를 추구하는 방향으로 나아간다는 뜻이다.

『조화로운 삶』의 저자인 스콧 니어링과 헬렌 니어링 부부는 여기에서 한 발 더 나아간다. 1930년대 뉴욕을 떠나 버몬트의 작은 시골로 들어가서 살아간 이들은 '불황 없는 삶'을 꿈꾸었다. 경제 상황에 휘둘리지 않는 방법에는 두 가지가 있다. 많이 벌거나, 시장의 흐름에 휩쓸리지 않도록 삶의 방식을 바꾸는 것이다. 니어링 부부는 두 번째 길을 택했다. 그들은 이렇게 말한다.

"삶을 넉넉하게 만드는 것은 소유와 축적이 아니라 희망과 노력이다."

엘리트였던 그들은 많은 재산을 모으려 목매지 않았다. 필요한 물자는 농사를 지어 스스로 마련했다. 이들의 삶은 녹록하지 않았지만 건강했다. 늘어나는 뱃살로 고민하지 않았고, 쌓여가는 카드 할부금 걱정으로 밤에 잠 못 이루는 일도 없었다. 에피쿠로스가 말하는 아타락시아, 즉 혼란이 없는 상태인 셈이다.

좋은 안목을 기르는 태도

에피쿠로스가 권하는 생활 태도는 로빈슨 크루소와

도 묘하게 통한다. 무인도에서 로빈슨 크루소는 목록 두 개를 만들었다. 하나에는 현재 상황 가운데 불리한 점들을 적었다. 다른 하나에는 유리한 점들을 나열했다. 첫 번째 목록은 길게 이어진다. '나는 무인도에 있으며 구조의 희망은 보이지 않는다', '몸을 가릴 만한 옷이 없다.' 등이다. 그는 두 번째 목록도 적어나간다. '나는 동료들처럼 물에 빠져 죽지 않고 살아 있다', '이 섬의 기후는 옷이 필요 없을 만큼 덥다' 등이다. 그런 뒤 불리한 점을 적은 종이를 찢어버리고 유리함 목록만 간직한다. 그러곤 이렇게 외친다.

"이때부터 나는 외로운 처지임에도 이 세상 누구보다 더 행복할 수 있다고 믿기 시작했다."

독일의 언론인 알렉산더 폰 쇤부르크는 이런 자세를 가리켜 '로빈슨 크루소의 원칙'이라고 부른다. 쪼그라드는 살림살이를 극적으로 바꾸기는 어렵다. 그러니 할 수 있는 것에 집중하며 좋은 안목을 키워 경제적인 아쉬움을 메우려 노력해 보자. 다행히 이제 욕망은 젊은 시절처럼 뜨겁지 않다. 시간이 갈수록 감정도 담담해질 테다. 가진 것을 소중하게 여기며 만족하는 법을 익힌다면 말이다. 중년의 지혜는 욕심을 비움으로써 채워진다.

성장

꼰대로 퇴보하지 않도록

_아리스토텔레스

나이 먹는다고 어른이 아니다. 나잇값을 해야 어른이다.

'감정조절을 못 해 금방 흥분하고 쉽게 화를 내거나 삐친다.'

'언제나 자신이 주인공이고 싶어 한다.'

이런 모습은 어린아이에게 엿보이는 특징이다. 하지만 나이 든 사람 가운데도 여전히 이런 사람이 있다. 그들이 바로 '꼰대'다. 귀는 닫혀 있고 목소리만 큰 사람들을 떠올려 보자. "나 때는 말이야…", "내가 해봐서 아는데…" 같은 말이 입에 붙어 있지 않던가.

이런 자들을 과연 세상이 좋아할까? 꼰대들은 모른

다. 지식은 가르쳐줄 수 있지만 경험은 그렇지 않음을. 자신이 직접 느껴야 할 것을 다 느끼고, 겪어야 할 것을 다 겪지 않으면 아무리 이야기해도 전혀 가슴에 와닿지 않는다. 한창 열애에 빠져 있을 때는 주변의 경고가 안 들리지 않는 것처럼 말이다.

그런데도 꼰대들은 자랑을 한껏 담아 자기 경험을 펼쳐놓는다. 이럴수록 상대의 표정은 굳어만 간다. 주변에 사람들이 서서히 사라지며, 무슨 말을 해도 상대방이 한숨부터 쉬는 경우도 늘어난다. 사람들이 나를 점점 무시하는 듯싶다면, 내 말에 귀 기울이지 않아 서운하고 화가 난다면 이제 그대는 삶을 바꾸어야 한다.

나부터 좋은 사람이 되어야

젊은 시절의 성장 과업은 '나다운 사람'이 되는 거였다. 남보다 뛰어난 능력을 갖추고 자기만의 개성과 색깔을 가질수록 칭찬받곤 했다. 그러나 중년의 성장 목표는 달라져야 한다. 아마도 당신은 어릴 적 원하던 인물과 다른 사람이 되었을 테다. 기대한 만큼 자산을 모으지 못했고 충분히 이름을 떨치지도 못했으리라. 하지만 그대에게 왜 그러지 못 했냐고 닦달하는 이는 많지 않다. 오히려 중년에는 "왜 좋은 사람이지 못하는가?"를 묻는 목소리가 더 커지기 마련이다.

지금 열심히 애쓴다 해서 그대가 대통령이 될 가능성은 높지 않다. 재벌이 되는 일도 벌어지지 않을 듯싶다. 하지만 여전히 '좋은 사람'은 될 수 있다. 더 따뜻하고 더 지혜로우며 한결 이해심 깊은 사람으로 거듭날 수 있다는 뜻이다. 이를 위해 당신은 무슨 노력을 기울이고 있는가.

"먼저 사람이 되어라"라는 말을 언제나 가슴에 품어야 한다. 좋은 인품으로 존경받지 못한다면 부자여도 불행하다. 주변이 자신을 돈지갑으로만 여기는 탓이다. 나에게 돈이 없다면 사람들이 자신을 무시하리라는 점을 스스로도 안다. 그래서 더 돈에 매달린다. 명예나 지위도 다르지 않다.

젊은 시절 우리는 '남다른 사람'이 되려고 노력했다. 그러나 중년에는 좋은 사람이 되어야 한다. 출세하지 못했어도, 가진 것이 적어도 환영받는 이들이 얼마나 많은가. 반면 권력을 한껏 쥐고 큰 재산을 가졌어도 비난과 동정만 사는 자들도 무척 많다. 어느 쪽이 과연 좋은 어른인가. 중년의 삶이 어디로 향해야 할지는 분명하다.

직접 겪어야만 아는 것들

중년은 '거리두기'가 가능한 시기다. 당신은 인생의 단맛 쓴맛을 충분히 겪었다. 좋은 일이나 나쁜 일이나, 어차피 다 지나간다는 사실을 이제는 안다. 그렇기에 일상에 과장이 없다. 필요한 만큼만 느끼고 적절하게 처신하는 지혜가 생겼다는 뜻이다.

여전히 잔잔한 사건들에도 마음이 흔들리고 쉽게 불안하거나 화가 나는가? 그렇다면 철학자 아리스토텔레스Aristoteles의 가르침에 귀를 기울여 보자. 그는 실천적 지혜, 즉 '실천지phronesis'를 강조한다. 앞서 지식은 가르쳐 줄 수 있지만 경험은 그렇지 않다고 이야기했다. 경험은 스스로 겪으며 깨달을 때만 생겨난다. 실천적 지혜가 그렇다. 절제란 무엇일까? 아리스토텔레스는 낭비와 인색함의 중간이라고 말한다. 용기는 만용과 비겁함의 가운데에 있다. 제대로 된 절제와 용기가 무엇인지 말하기는 어렵다. 그때그때 상황에 따라 달라지는 탓이다. 그래서 여러 상황을 직접 겪으며 올바른 처신이 무엇인지를 느껴야 한다. 이럴 때 비로소 지혜가 '몸의 기억'처럼 내 안에 새겨진다.

묻고 답하기를 멈추지 말길

"집을 지어봐야 건축가가 되고, 악기를 연주해 봐야 연주가가 될 수 있다. 마찬가지로 올곧게 행동해 봐야 올곧은 사람이 되고, 절제 있게 행동해야 절제 있는 사람이 되며 용감한 행동을 해봐야 용감하게 된다."

아리스토텔레스의 말이다. 삶은 누구에게나 딱 부러지는 답이 없다. 중년에 마주하는 상황들도 그렇다. 집에서든 회사에서든 강하게 주장해야 하는지, 한 발짝 뒤로 떨어져 있어야 하는지, 결연하게 원칙을 따져야 하는지, 너그럽고 유연하게 넘어가야 하는지 등으로 고민이 깊어지는 경우가 한둘이 아니다.

아리스토텔레스에 따르면, 문제 상황을 마주했을 때 머리를 싸매고 있어봐야 해결책은 나오지 않는다. 오로

올곧게 행동해 봐야 올곧은 사람이 되고,
절제 있게 행동해야 절제 있는 사람이 되며
용감한 행동을 해봐야 용감하게 된다.

「기수」, 테오도르 제리코

지 "마땅한 때에, 마땅한 일에 대하여, 마땅한 태도로 행동"해야 한다. 그러니 과거의 경험만으로 일방적으로 판단하려 하지 말고 일단 말을 아끼고 인내하자. 중년에게는 이런 내적 성숙이 바로 성장이다. 물론 처음부터 쉽게 되지는 않는다. 하지만 이 또한 경험이라, 반복하다 보면 차곡차곡 새로운 지혜로 쌓인다.

말로는 설명하기 어려워도 오랜 체험을 통해 몸에 밴 지혜를 현대 심리학의 용어로 '암묵지tacit knowledge'라고 한다. 인공지능에서 말하는 머신 러닝machine learning과도 결이 통한다. 성숙해지고 싶다면 과거에 머물지 말고 지금의 상황과 생각을 업데이트하며 새로운 경험을 쌓아야 한다. 물음에 대한 답을 계속 찾으며 생활을 다듬을 때, 흐트러지던 중심축을 잡을 수 있다.

삶은 성장의 여정이다

그래서 "나 때는 말이야…"라는 말은 위험하다. 이미 자신이 훌륭한 인간이기에 더 이상 경험을 쌓을 이유도, 성장할 필요도 없다는 자만심이 묻어 있는 탓이다. 실천적 지혜에는 완성형이 없다. 좋은 사람이 되려는 노력에도 끝이 없다. 젊은 시절 자부심을 느꼈던 일이 이제 와서는 부끄러움으로 다가오는 경우도 적지 않다. 지금 당신의 일상도 다르지 않다. 과거가 마뜩잖게 여겨진다면, 그대는 여전히 더 좋은 사람으로 성장하고 있다는 뜻이리라. 아리스토텔레스라면 당신에게 매일 이렇게 되물으라고 할 듯싶다.

"나는 어제보다 얼마나 좋은 사람으로 바뀌었나?"

"어떻게 처신해야 나잇값 하는 사람일까?"

미래 없는 삶이 밝고 행복할 리 없다. 삶은 끝없는 성장의 여정이다. "마땅한 때에, 마땅한 일에 대하여, 마땅한 태도로 행동"하는 지혜는 바로 그 과정에서 몸에 새겨진다.

> 변화

뿌리는 어떻게 만들어지는가

_시몬 베유

　젊은 승려는 고민이 많았다. 늙은 아버지가 돈밖에 모르는 사람이었던 탓이다. 승려는 아비가 지옥에 갈까 봐 전전긍긍했다. 그래서 아버지가 매일 염불을 외우길 바랐다. 불교 전통 가운데는 '나무아미타불'을 꾸준히 거듭 읊기만 해도 극락에 간다는 가르침이 있기 때문이다.

　젊은 중의 마음을 헤아린 고승은 그의 아비를 자신에게 오도록 했다. 그러곤 염불을 한 번 외울 때마다 한 푼씩 주겠다고 약속했다. 매일 저녁 자기에게 와서 얼마 외웠다고 말하면, 그대로 셈을 해서 주겠다는 거다. 돈 욕심 많은 영감은 틈나는 대로 염불을 외웠고, 득달같이 돈을 받아 갔다. 그런데 얼마 지나지 않아 영감이 절을 찾아오지 않았다. 궁금해진 고승은 젊은 중에게 아비의 소식을 물었다. 영감은 이제 염불 자체에 빠져들어서, 더 이상 얼마나 외웠는지를 세지 않게 되었다고 했다. 절에 돈 받으러 올 시간도 없을 만큼 염불에 빠져든 셈이다. 마침내 아비는 깨달음을 얻고 극락왕생한다.

철학자 시몬 베유Simone Weil의 책 『뿌리내림』에 나오는 이야기다. 어떤 행동을 반복하느냐에 따라 사람의 생각과 생활도 바뀌기 마련이다. 오랫동안 공직에 몸담은 이들은 왠지 공무원 같은 분위기를 풍기고, 사업을 오래 한 사람에게서는 사업가의 느낌이 드는 식이다. 습관은 서서히 일상에 젖어들며 삶의 결을 만들어간다. 습관이 쌓여서 색깔이 되는 셈이다. 그렇다면 그대는 다른 사람에게 어떻게 보일까? 당신을 보며 사람들은 어떤 느낌을 받을까?

전원생활을 꿈꾸고 있다면

중년에 후반기 인생을 준비하며 농촌 생활을 꿈꾸는

이들이 많다. 치열하게 노력하며 성공을 좇던 사람일수록 그렇다. 전원에서의 삶은 지친 마음을 추스르기에 제격인 듯 보인다. 하지만 평안한 일상을 이루려면 삶의 결부터 변화시켜야 한다. 시몬 베유의 말을 들어보자.

> 농민들은 언제나 멋진 일은 도시에서만 일어나는 것 같다는 기분, 그들 자신은 '소외되어 있다'는 느낌에 시달린다. 물론 마을에 무선전신국, 영화관이 생기고 《콩피덩스》나 《마리 클레르》 같은 주간지가 들어오면서 그러한 의식은 더욱 심화되었다. 이런 유의 주간지들은 코카인보다 해롭다.[5]

도시에는 도회지에 맞는 화려함과 활기참이 있다. 물론 농촌도 매력적이고 환상적인 곳이다. 안온한 자연이 있고, 계절의 변화가 일상을 신비롭게 하지 않는가. 그런데도 새로움과 신기함을 바라는 젊은이에게는 시골의 아름다움이 좀처럼 다가오지 않는다. 그들에게 도시의 화려함을 떠올리는 소식만 계속 주어진다면 어떻겠는가. 한갓진 지역에서 살아가는 자기의 일상이 비루하고 뒤떨어진 듯 느껴질 테다.

시몬 베유가 보기에 이런 생활은 '뿌리 뽑힌 삶'이다. 누구에게나 자기 삶의 뿌리를 튼실하게 가꾸는 노력이 필요하다. 많은 학생이 과학 시간에 배우는 '해와 달의 운동'을, 일상에서 매일 보는 해와 달에 연결 짓지 못한다. 그냥 책에 나오는 지식으로만 생각해 지루해한다. 마찬가지로 현자들과 종교의 가르침에서 숱하게 나오는 '포도원', '밀밭', '양 떼'를 자신이 소중하게 가꾸는 논과 밭, 가축과 연결 짓지 못하는 이들이 적지 않다. 삶의 진실이 전원田園에, 묵묵히 땀 흘리는 일상에, 한결같이 흘러가며 우리 마음을 편안하게 하는 자연에 있음을 실제로는 알지 못하는 셈이다. 자연에 속하는 삶에서 평안을 얻고자 한다면 그동안 배운 지혜와 삶부터 연결할 줄 알아야 한다.

오십의 뿌리를 만드는 생각 습관

"어제저녁 한 끼를 잘 먹었기 때문에 뚱보가 된 것이 아니다."

중국의 속담이다. 몸은 단번에 뚱뚱해지지 않는다.

자연과 닮은 평안한 삶을 가꾸려면,
어떤 습관을 반복해야 할까.
흔들리는 삶을 다잡아줄 뿌리는
하루아침에 생기지 않는다.

「에라니의 포플러나무」, 카미유 피사로

오랫동안 기름진 음식을 많이 먹고 운동을 게을리하다 보면 군살이 늘어난다. 건강하고 튼실한 몸을 만들고 싶으면 어떻게 해야 할까. 한 끼 잘 챙겨 먹고 하루 열심히 움직인다 해서 근육이 갑자기 생겨나고 체중이 빠지지는 않는다. 오랫동안 좋은 식습관을 가꾸고 꾸준히 운동해야 마침내 원하는 모습을 갖추게 될 테다.

동양철학자들은 "좋은 습관이 자신에게 배게 하라"라고 자주 충고한다. 좋은 습관이 거듭되면 내가 바라던 방향으로 나아가기 때문이다. 생각도 마찬가지다. 매일 떠올리는 생각들은 습관이 되어 뿌리를 이루고 그 안에서 열매 맺기 마련이다. 기초 체력이 좋으면 난도가 높은 운동도 한결 수월하게 할 수 있다. 사고의 힘도 마찬가지다. 생각의 뿌리가 단단하면 살면서 크고 작은 시련이 닥쳐도 지혜롭게 판단하고 현명하게 행동할 수 있다.

생각하는 대로 살지 않으면 사는 대로 생각하게 된다. 스스로 원하던 삶으로부터 멀어지는 것은 물론이다. 그런 삶이 반복되면 애초에 내가 어떤 삶을 원했는지 알아차리기조차 어려워진다. 생각과 삶이 괴리되어도 문제다. 전원생활을 하며 자연과 닮아가고 싶다고 생각은 하면서, 자연이 주는 지혜에 귀 기울이지 않고 도시에서 하던 마음가짐을 고수하면 어떻겠는가. 남보다 뛰어난 위치를 차지하려는 욕심, 유행에 뒤처지지 않으려는 욕망, 당장 결실을 보려는 조급함, 무엇이든 바쁘게 돌아가지 않으면 못 견디는 불안을 내려놓자. 생각이 바뀌어야 생활이 바뀐다.

자연에 삶의 결을 맞추다

전원생활을 꿈꾸는 이들은 많지만 막상 지역에 정착하는 사람은 적다. 몸은 옮겨 갔으나 '생활의 습관'은 여전히 도시인의 그것을 따르고 있는 탓이다. 도시에서는 아침에 집을 나서면 건물과 간판부터 보이지만 전원에서는 하늘과 숲, 시내와 하늘이 먼저 보인다. 도회에서는 세상의 욕망에 따라 내 마음도 불끈거린다. 하지만 이제는 영혼을 자연에 맞추어야 한다.

자연이 가장 많이 반복하는 일은 무엇일까? 자연을 닮아가며 지혜롭고 편안한 노년의 삶을 가꾸려면, 나는 일상에서 어떤 습관을 반복해야 할까? 이런 물음을 가슴에 품고 후반기 인생의 뿌리를 가꾸어가 보자. 뿌리는 하루아침에 생기지 않는다. 고랑을 내고 꾸준히 흙을 보듬으며 물을 주고 보살피는 과정이 필요하다. 물론 언제나 햇볕과 비는 모든 생명에게 한결같이 공평하게 자애로울 테다. 자연이 그대에게 베푸는 은혜로움도 그렇다.

어떤 노인이 되고 싶은가

_헤르만 헤세

졸업은 기쁜 일이다. 한편으로는 심란하기도 하다. 친숙해진 일상을 떠나 낯설고 두려운 세상으로 나아가야 하는 탓이다.

중년의 시기도 그렇다. 이제는 젊음을 떠나보내고, 다가올 노년기를 준비해야 한다. 하지만 감상에 빠져 넋 놓고 있어서는 안 된다. 호호백발 노인에 견주면 중년은 이제 '노년기라는 인생 학교의 신입생'과도 같다. 어떻게 대비하며 말년의 삶을 꾸려가야 할까.

청춘만큼이나 다채로운 시절

소설가 헤르만 헤세Hermann Hesse는 좋은 노년을 위한 교과서 같은 삶을 살았다. 동료 문학가는 헤세를 가리켜 "우리가 시를 쓰는 모든 노력의 목적은 인생 말년에 헤세처럼 되는 데 있다"라고 말했을 정도다.

우리는 흔히 노후 대비를 경제적인 면에서만 떠올린다. 하지만 헤세는 삶의 후반으로 갈수록 헛헛하고 외로워질 마음부터 챙기라고 충고한다. 그러면서 불꽃이 스러지는 중년들을 이런 말로 일으켜 세운다.

"누구보다 열심히 사는 젊은이가 훌륭한 노인이 된다. 학교 다닐 때부터 늙은 사람처럼 굴었던 사람은 절대 그렇게 되지 못한다."

청년이 자기가 마땅히 해야 할 일을 미루며 의무를 밀쳐내는 모습은 바람직하지 않다. 머리가 하얗게 세고 죽음이 가까워질 미래를 외면하며 젊음에만 아득바득 매달리는 중년도 꼴사납다. 헤세는 시 「시드는 잎Welkers Blatt」에서 이렇게 노래한다.

너는 네 곡을 연주해라. 맞서지 마라. / 일이 벌어지게끔 조용히 놔두어라. / 바람이 너를 꺾더라도 바람결이 이끄는 대로 / 집으로 가도록 가만히 있으려무나.

계절이 바뀌면 나무의 이파리도 시든다. 이는 자연의 과정일 뿐이다. '나이 듦'이라는 정해진 삶의 리듬도 다르지 않다. 그러니 이를 차분히 받아들여야 한다. 겨울도 여름만큼 아름답지 않던가. 그래서 헤세도 말한다.
"나이가 들면 사는 게 점점 아름다워진다네!"
정말 그렇다. 아주 어렸을 때는 마흔 살만 되어도 인생의 즐거움이 없을 거라 생각했다. 그러나 살아보니 지나간 사십 대의 세월은 젊은 청춘만큼이나 다채로웠다. 앞으로 맞이할 노년에도 고혹적인 기쁨이 숨어 있다. 그러니 기쁘게 맞이하도록 마음을 다잡아야 한다.

자연 속에서 사색하는 삶

그렇다면 구체적으로 우리는 노년을 어떻게 대비해야 할까? 헤세는 괴테의 명언을 콕 짚어준다.
"외로움에 몰두하는 사람은 결국 혼자가 된다."

밝고 건강하게 하루하루를 가꾸라는 소리다. 헤세는 세상의 흐름과 함께하지 않을 때 사람은 빨리 시든다며 주의를 준다. 노년은 세상에서 밀려나 한가해지는 시기가 아니다. 노인에게도 매일은 처음 맞는 하루일 따름이다. 새로운 상황에서는 옛 지혜도 소용없어지곤 한다. 그러니 매사에 심드렁해하는 꼰대 같은 태도부터 내려놓아야 한다.

말년의 헤세는 자연과 음악, 그리고 창의적인 작업에 오롯이 매달렸다. 특히 농사를 짓고 숲과 들을 거닐며 사색하며 살아온 세월의 의미를 되새기곤 했다. 돌이켜보면 삶에는 기쁨만 필요한 것이 아니었다. 고통과 슬픔, 노력과 좌절의 어두운 터널도 지금처럼 성숙한 깨달음을 얻기 위해 필요했다. 옛일을 되새기며 의미를 찾을 때, 기억은 좋고 아름다운 추억으로 거듭난다.

노인에게 완전히 새로운 일은 많지 않을 수 있다. 일상은 이미 언젠가 겪어봤을 실망과 좌절, 기쁨과 놀라움이 거듭된다. 그러나 지혜로운 노인은 두껍게 쌓인 경험 덕분에 이 모두를 더욱 깊이 느끼며 깨달음을 얻는다. 그러면서도 한결 차분하고 의연하게 대처한다. 이제 세상일은 과거의 의미를 되새기며 예전보다 더 지혜롭게 처신할 기회임을 아는 까닭이다.

세월이 준 귀한 선물

헤세는 노년에 가장 필요한 능력으로 해학과 유머 감각을 꼽는다. 어느 날 정원에서 모닥불을 피우던 그에게, 여든 살 언저리의 노인이 와서 말을 걸었단다.

"불을 참 잘 피우셨어요. 우리 나이가 되면 지옥 불하고도 익숙해져야 하지요. 허허."

웃을 줄 안다면 늦지 않았다. 좀처럼 희망 없음의 나락으로 빠져들지 않는다는 뜻이다. 헤세의 말을 직접 들어보자.

> 지금, 노년의 정원에는 전에 우리가 미처 가꾸지 못한 많은 꽃송이가 곱게 피어나고 있다. 고귀한 인내의 꽃이 만발하면 우리는 더 여유롭고 관대해질 것이다. 또한 직접 행동으로 옮기는 것에 대한 요구가 줄어들수록, 자연과 같이 살아가는 다른 사람들의 인생을 더욱 관심 있게 볼 수 있을 것이다.[6]

젊은이에게는 정의와 진리가 중요하다. 반면 노년에는 사랑이 중요하다. 지혜로운 노인은 살아온 세월을 통해 인내와 기다림, 침묵의 소중함을 몸에 익힌다. 그래서 모든 일을 엄격한 잣대로 나눠 판단하고 벌주려 하지 않는다. 그리고 상처도 전처럼 예민하게 느끼지 않는다. 자신도 우주라는 전체와 하나 될 날이 머지않았음을 점점 분명히 느끼는 탓이다. 죽음은 갈수록 두려움이라기보다, 오롯한 휴식과 인생의 완성이라는 편안함으로 다가올 테다.

지혜롭게 시작하는 인생 후반전

삶은 결국 노년과 죽음으로 향해가는 여로다. 그렇기에 우리는 삶이 힘들 때면 자연스럽게 이런 물음을 던지게 된다.

'도대체 삶의 의미는 무엇일까?'

'왜 삶이 허무로 끝날 것을 알면서도 고통을 견디며 살아가야 하는가?'

철학은 바로 이런 물음에 답을 준다. 진정 추구할 가

지혜로운 노인은 살아온 세월을 통해
인내와 침묵을 몸에 익힌다.
그렇게 전보다 너그러워진 마음으로
매일 처음 맞는 하루를 살아간다.

「정원사」, 조르주 쇠라

치를 드러내고 우리 삶이 바로 이런 것에 기여하고 있음을, 그래서 의미 있음을 깨닫게 해주는 것이다. 인생의 결정적 순간마다 철학자들의 목소리에 귀 기울이게 되는 이유다.

철학자들은 노년을 어떻게 바라봤을까. 괴테는 60세에서 80세에 이르는 기간을 세 번째 청춘이라고 불렀다. 그에게 노년이란 "더 이상 위에서 (명령이) 하달되지 않는 삶의 클라이맥스"다. 공자는 70세까지 이루어야 할 인생의 덕목을 정해준다. 이립, 불혹, 지천명, 이순, 종심. 하지만 그다음은 없다. 평균수명 100세를 바라보는 지금 시대에 노년은 무한한 가능성으로 열려 있는 셈이다.

우리는 이제야 인생 전반전을 마쳤다. 아쉬움이 남는다 해도 괜찮다. 가장 지혜로운 모습으로 후반전을 맞이하게 되었으니, 오히려 앞으로가 기대될 따름이다.

에필로그

여전히 더 좋은 삶은 가능하다

부고장 알림은 중년의 일상이다. 부모님과 어르신이 떠나가실 나이인 탓이다. 시간이 갈수록 지인 자신의 죽음을 알리는 부고도 잦아진다. 이럴 때마다 문득 나에게도 죽음이 찾아들 수 있다는 생각이 찾아든다.

우리는 모두 죽을 운명이다. 오십에는 이 사실이 점점 더 가깝게 다가온다. 하지만 그럼에도 대부분은 일상에서 이를 의식하지 못한다. 왜 그럴까? 공포관리이론 terror management theory에 따르면, 인간의 문명이 이에 대한 무서움을 은연중에 스러지게 하는 덕분이다.

물론 우리는 죽음을 절대 이기지 못한다. 그래서 문명은 죽음을 멀리 밀어내거나, 마침내 이겨낼지도 모른다는 환상을 사람들에게 안긴다. 세상과 문명은 나보다 훨씬 크고 오래간다. 따라서 사회에 기여하고 이름을 얻는다면 나는 '영원히' 기억될지도 모른다고 믿는다. 문화적 세계관에 기대어 죽음에 대한 공포를 희미하게 만드는 셈이다. 나아가 자신이 소중히 여기는 사회나 가치의 체계에서 충분한 인정을 받아 자존감이 높을 때도 죽음은 좀처럼 생각나지 않는다.

그러나 일상과 세계가 위협받을 때, 그 속에서 나의 위치가 흔들릴 때는 어떨까. 우리는 한없이 불안에 휩싸인다. 공포관리이론에 따르면, 이는 사실 죽음에 대한 두려움에서 비롯된 공포다.

죽음의 공포에 맞서기 위해

그래서 우리는 문화적 세계관과 자존감이 흔들리지 않기 위해 만들어진 인생 서사를 따라간다. 이야기의 주인공은 곧 나이기에 내가 세상의 중심이다. 주연배우이니 의미와 가치가 없을 리 없다.

인생 서사는 적대형, 경쟁형, 성장형로 나뉜다.[7] 적대형은 사람들을 비극 속 주연배우로 살아가게 한다. 알코올 의존자는 술을 마시기 위해 속상한 일을 무의식중에 찾곤 한다. 적대형 인생도 비슷하다. 이들은 인생이 실패할 수밖에 없는 이유를 은연중에 필사적으로 찾는다. 자기는 선하고 유능하지만, 잘못된 세상과 어려운 처지 탓에 불행할 수밖에 없다는 논리를 펴기 위해서다. 그들은 '정신 승리'를 통해 자존심을 지켜나간다.

경쟁형 서사를 따르는 이들은 성실하다. 잘나가는 이들처럼 되기 위해, 세상이 소중하게 여기는 것들을 얻으려고 치열하게 산다. 한마디로 '경쟁은 나의 힘'인 부류다. 하지만 이들의 삶에는 기쁨이 드물다. 앞서기 위해 아등바등할 때는 늘 뒤지는 듯해서 초조하고, 가장 좋은 것을 손에 넣어도 여전히 헛헛하다. 더 이상 무엇을 해야 할지 모르는 탓이다. 그래서 또다시 새로운 목표를 정해 자신을 경쟁이 안기는 초조와 불안 속으로 몰아넣는다.

반면 성장형 서사를 삶에 장착한 이들은 진정한 자존감을 갖춘 사람이다. 이들은 자기다운 삶을 이어가려고 애쓴다. 투수가 아무리 잘 던져도, 타자가 실력이 좋으면 안타나 홈런을 맞는다. 성장형이라면 그래도 개의 치 않는다. 열심히 자기 공을 던질 뿐이다. 더 완벽하게 공을 던지기 위해 애쓸 뿐, 타자나 실수를 거듭하는 야수들은 눈에 들어오지 않는다. 자기는 자기가 바꿀 수 있는 일만 최선을 다해 이루려 한다. 그래서 이들에게 실패는 더 애써야 할 부분을 찾을 기회가 될 뿐이다.

어떤 인생을 살 것인가

그대는 적대형과 경쟁형, 성장형 가운데 어느 인생 대본을 따르고 있는가? 적대형과 경쟁형이라면 중년 이후의 삶은 어둡다. 적대형은 스스로 만든 지옥에서 탈출할 생각이 없다. 경쟁형은 갈수록 짙어지는 우울감에 힘들어한다. 자기 삶의 의미를 지위와 가진 것에서 찾기에, 중요한 위치에서 점점 밀려나는 현실을 견디지 못한다.

한편 성장형 서사를 따르는 이들은 흔들림 없이 자기 인생을 만들어가며, 노년으로 향할수록 삶이 꽃처럼 피어난다. 차분하고 자신감이 넘치면서도 겸손하다. 굳이 잘난 척하지 않아도 스스로에 대한 자부심으로 가득하기 때문이다. 세계적인 첼리스트 요요마는 이렇게 말하곤 한다.

"저는 일이 있어서 기뻐요. 어딘가에서 저를 원하고 불러준다는 사실에 매일 감사함을 느낍니다."

성장형 인생이 어떤 모습인지를 잘 보여주는 사례라 할 만하다. 최고의 인생을 사는 이들은 하루하루를 충실하게 살아내며 스스로 삶의 가치를 가꾸어간다. 내일 지구가 멸망한다 해도, 오늘 죽는다 해도 이들의 일상에는 여전히 의미와 가치가 생생하게 살아 있다.

그렇다면 스스로에게 물어보자.

'나는 실패를 변명하기 위한 방어 본능에 따라 살고 있는가, 내가 정말로 소중하게 여기는 인생을 가꾸기 위해 나아가고 있는가?'

이 물음에 대한 답이 어떻게 나오는지에 따라 후반부 인생이 크게 달라질 테다.

물 위에 이름을 새기듯 살아가기

성장형 서사를 따르는 이들은 시인 존 키츠John Keats

의 묘비 문구처럼 "물 위에 이름을 새기듯" 살아간다. 물에 이름을 새기는 일은 허무하다. 아무리 공들여 써도 글자는 금세 사라져 버린다. 그래도 좋은 글씨체를 갖추고 싶은 이에게 물 위에 손가락을 스치는 순간은 헛되지 않다. 더 만족스럽게 쓰려는 노력이 매 순간 오롯이 피어나는 덕분이다. 이럴 때 느끼는 충실함과 뿌듯함이 일상을 더 많이 채울수록 인생도 보람과 가치로 차오른다.

로마 시인 루크레티우스Lucretius에 따르면, 우리는 모두 다음 세대를 위해 죽어야만 하는 운명이다. 우리가 자리를 비워줘야 그들이 자신의 인생을 살 수 있지 않겠는가. 미래 세대도 주어진 시간을 다 살면 우리 뒤를 따를 것이다. 우리 이전에 살던 사람들 또한 이러했다. 그렇기에 인생은 결국 누구만의 것이 아니라 모두의 것이다.

철학은 '죽음의 기술ars moriendi'이다. 공허 속으로 사그라질 인생 속에서도 충실하게 의미와 가치를 피워내며 삶의 의미를 길어내는 지혜라는 의미다. 부디 철학의 혜안이 그대 중년의 일상을 꽃길로 이끌어주길.『오십이 철학을 마주할 때』를 사려 깊게 읽어주신 모든 독자께 감사드린다.

주

1. 스콧 배리 카우프만 지음, 김완균 옮김, 『트랜센드』, 책세상, 2021년, 343쪽.
2. 알랭 드 보통, 인생학교 지음, 최민우 옮김, 『현대 사회 생존법』, 오렌지디, 2024. 72쪽.
3. 위의 책, 191쪽.
4. 파스칼 브뤼크네르 지음, 이세진 옮김, 『아직 오지 않은 날들을 위하여』, 인플루엔셜, 2021, 96쪽.
5. 시몬 베유 지음, 이세진 옮김, 『뿌리내림』, 이제이북스, 2013년, 90쪽
6. 헤르만 헤세 지음, 유혜자 옮김, 『어쩌면 괜찮은 나이』, 프시케의 숲, 2017년, 134쪽.
7. 이 구분은 데이비드 어포스톨리코의 『경쟁의 심리학』(명진출판, 2010년)을 따른 것이다. 하지만 적대형, 경쟁형, 성장형 각각의 의미는 새롭게 해석했다.

그림 출처

1 ○ 봄 ╲ 내려놓고 다시 시작할 용기

앙리에드몽 크로스, 「전나무가 있는 계곡 Valley with Fir」, 1909년, 캔버스에 유채, 73.7×90.2cm, 메트로폴리탄 미술관

브론치노, 「젊은이의 초상 Portrait of a Young Man」, 1530년대, 나무에 유채, 95.6×74.9cm, 메트로폴리탄 미술관

존 프레더릭 켄셋, 「조지 호수, 자유로운 습작 Lake George, Free Study」, 1872년, 캔버스에 유채, 25.4×35.9cm, 메트로폴리탄 미술관

조르주 쇠라, 「난간에 기대선 남자 A Man Leaning on a Parapet」, 1881년경, 나무에 유채, 16.5×12.4cm, 메트로폴리탄 미술관

쥘 쿠아에, 「화가가 있는 보첸의 풍경 View of Bozen with a Painter」, 1837년, 캔버스에 유채, 31×39cm, 미국 국립 미술관

레옹 코니에, 「로마 메디치 빌라의 방에 있는 예술가 The Artist in His Room at the Villa Medici」, 1817년, 캔버스에 유채, 44.5×37cm, 클리블랜드 미술관

2 ○ 여름 ＼ 욕망을 다독이는 시간

안톤 디펜바흐,「창문Window」, 1856년, 캔버스 위 종이에 유채, 36.5×25.1cm, 메트로폴리탄 미술관

요한 크리스티안 달,「석양이 지는 폭포 앞의 두 남자Two Men before a Waterfall at Sunset」, 1823년, 캔버스에 유채, 38.1×35.6cm, 메트로폴리탄 미술관

조지프 디캠프,「재봉사The Seamstress」, 1916년, 캔버스에 유채, 92.2×71.6cm, 미국 국립 미술관

에두아르 마네,「벨뷔의 마네 부인Madame Manet at Bellevue」, 1880년, 캔버스에 유채, 80.6×60.3cm, 메트로폴리탄 미술관

알렉상드르 프랑수아 데스포르트,「은으로 만든 정물Still Life with Silver」, 1720년대, 캔버스에 유채, 261.6×187.3cm, 메트로폴리탄 미술관

저비스 매켄티,「메인주의 마운트 데저트섬Mount Desert Island, Maine」, 1864년, 캔버스에 유채, 27.1×40.4cm, 미국 국립 미술관

3 ○ 가을 ＼ 성숙이라는 이름의 성장

로버트 하벨 주니어, 존 제임스 오듀본,「가을 솔새Autumnal Warbler」, 1830년, 왓만 연질지에 채색 동판화(아쿠아틴트), 미국 국립 미술관

재스퍼 프랜시스 크롭시,「가을, 허드슨강에서Autumn-On the Hudson River」, 1860년, 캔버스에 유채, 151.8×274.9cm, 미국 국립 미술관

프레더릭 에드윈 처치,「광야의 황혼Twilight in the Wilderness」, 1860년, 캔버스에 유채, 101.6×162.6cm, 클리블랜드 미술관

가와나베 교사이,「암석 풍경Rocky Landscape」, 1887년경, 비단에 수묵 채색,

비단에 수묵채색, 36.2×27.3cm, 메트로폴리탄 미술관

작가 미상, 「시각의 감각The Sense of Sight」, 17세기, 캔버스에 유채, 70.5×55.2cm, 메트로폴리탄 미술관

알베르트 비어슈타트, 「요세미티의 스타 킹산Mt. Starr King, Yosemite」, 1875년, 캔버스에 유채, 31×35.9cm, 메트로폴리탄 미술관

마틴 존슨 히드, 「벌새와 사과꽃Hummingbird and Apple Blossoms」, 1875년, 캔버스에 유채, 31×35.9cm, 메트로폴리탄 미술관

4 ○ 겨울 ╲ 성찰로 깊어지는 지혜

찰스 워런 이턴, 「겨울의 숲Woods in Winter」, 1886년, 캔버스에 유채, 30.48×40.64cm, 미국 국립 미술관

마틴 존슨 히드, 「다가오는 폭풍Approaching Thunder Storm」, 1859년, 캔버스에 유채, 71.1×111.8cm, 메트로폴리탄 미술관

윈즐로 호머, 「스튜디오The Studio」, 1867년, 캔버스에 유채, 45.7×38.1cm, 메트로폴리탄 미술관

빌헬름 함메르쇠이, 「달빛, 스트란드가데 30번지Moonlight, Strandgade 30」, 1900-1906년, 캔버스에 유채, 41×51.1cm, 메트로폴리탄 미술관

테오도르 제리코 「기수Horsewoman」 1820년 이후, 캔버스에 유채, 44.5×34.9cm, 메트로폴리탄 미술관

카미유 피사로, 「에라니의 포플러나무Poplars, Eragny」, 1895년, 캔버스에 유채, 92.7×64.8cm, 메트로폴리탄 미술관

조르주 쇠라, 「정원사The Gardener」, 1882-1883년, 나무에 유채, 15.9×24.8cm, 메트로폴리탄 미술관

다가올 모든 계절을 끌어안는 22가지 지혜
오십이 철학을 마주할 때

초판 1쇄 인쇄 2025년 8월 22일
초판 1쇄 발행 2025년 9월 3일

지은이 안광복
펴낸이 김선식

부사장 김은영
콘텐츠사업본부장 박현미
기획편집 박윤아 **디자인** 황정민 **책임마케터** 박태준
콘텐츠사업4팀장 임소연 **콘텐츠사업4팀** 황정민, 박윤아, 옥다애, 백지윤
마케팅1팀 박태준, 권오권, 오서영, 문서희
미디어홍보본부장 정명찬
브랜드홍보팀 오수미, 서가을, 김은지, 이소영, 박장미, 박주현
채널홍보팀 김민정, 정세림, 고나연, 변승주, 홍수경
영상홍보팀 이수인, 염아라, 김혜원, 이지연
편집관리팀 조세현, 김호주, 백설희 **저작권팀** 성민경, 이슬, 윤제희
재무관리팀 하미선, 임혜정, 이슬기, 김주영, 오지수
인사총무팀 강미숙, 이정환, 김혜진, 황종원
제작관리팀 이소현, 김소영, 김진경, 이지우, 황인우
물류관리팀 김형기, 김선진, 주정훈, 양문현, 채원석, 박재연, 이준희, 이민운

펴낸곳 다산북스 **출판등록** 2005년 12월 23일 제313-2005-00277호
주소 경기도 파주시 회동길 490 다산북스 파주사옥 3층
전화 02-702-1724 **팩스** 02-703-2219 **이메일** dasanbooks@dasanbooks.com
홈페이지 www.dasanbooks.com **블로그** blog.naver.com/dasan_books
용지 신승INC **인쇄 및 제본** 상지사 **코팅 및 후가공** 제이오엘앤피

ISBN 979-11-306-6970-0 (03100)

• 책값은 뒤표지에 있습니다.
• 파본은 구입하신 서점에서 교환해드립니다.
• 이 책은 저작권법에 의하여 보호를 받는 저작물이므로 무단 전재와 복제를 금합니다.

> 다산북스(DASANBOOKS)는 책에 관한 독자 여러분의 아이디어와 원고를 기쁜 마음으로 기다리고 있습니다.
> 출간을 원하는 분은 다산북스 홈페이지 '원고 투고' 항목에 출간 기획서와 원고 샘플 등을 보내주세요.
> 머뭇거리지 말고 문을 두드리세요.